大学生创新创业法律风险防范意识研究

许珍 著

中国商务出版社

·北京·

图书在版编目（CIP）数据

大学生创新创业法律风险防范意识研究 ／ 许珍著.
北京 ： 中国商务出版社, 2024. 9. -- ISBN 978-7-5103-
5356-7

Ⅰ. D922.291.914
中国国家版本馆 CIP 数据核字第 2024L6X223 号

大学生创新创业法律风险防范意识研究
许珍 著

出版发行：中国商务出版社有限公司
地　　址：北京市东城区安定门外大街东后巷 28 号　　邮编：100710
网　　址：http://www.cctpress.com
联系电话：010—64515150（发行部）　　010—64212247（总编室）
　　　　　010—64269744（事业部）　　010—64248236（印制部）
责任编辑：李 阳
排　　版：廊坊市展博印刷设计有限公司
印　　刷：北京九州迅驰传媒文化有限公司
开　　本：787 毫米×1092 毫米　1/16
印　　张：11.5　　　　　　　　字　　数：223 千字
版　　次：2024 年 9 月第 1 版　　印　　次：2024 年 9 月第 1 次印刷
书　　号：ISBN 978-7-5103-5356-7
定　　价：78.00 元

前　言

在大学生创业的过程中，法律风险防范意识至关重要。法律风险不仅可能影响创业项目的顺利进行，还可能对创业者个人造成重大经济损失和法律后果。因此，增强大学生的法律风险防范意识，是保障创业成功的重要环节。大学生在创业过程中可能面临多种法律风险，如合同纠纷、知识产权侵犯、劳动争议等，对这些风险的识别需要全面了解创业过程中涉及的法律问题。合同风险包括合同条款的不明确或不合理，而知识产权风险则涉及专利、商标和著作权的申请和保护。通过案例分析和风险评估，大学生能够识别潜在的法律问题，并采取相应的防范措施。高校应将法律风险防范教育纳入创业课程，开展针对性的法律培训和讲座。通过模拟法庭和案例讨论等形式，帮助学生理解法律风险及其防范策略。此外，高校可以与法律机构合作，为学生提供专业的法律咨询和服务。通过系统的法律教育，大学生能够提高对法律风险的敏感性，增强法律意识，从而在实际创业过程中更好地运用法律知识，降低法律风险。

随着创新创业活动的蓬勃发展，了解和应对法律风险成为创业者们应当具备的重要能力。本书旨在深入探讨大学生创新创业中的法律风险防范意识，为大学生创业者提供全面的法律指导和支持。本书涵盖了大学生创新创业的各个方面，从概述到法律基础，再到项目风险评估、合规管理、风险预警与防范、法律纠纷解决、法律宣传与教育，以及法律政策与支持。每一章节都将从不同角度深入探讨大学生创新创业过程中可能遇到的法律问题，旨在帮助读者全面了解、认识和应对这些挑战。本书适用于大学生创业者、法律从业者、创业辅导人员，以及对大学生创新创业法律问题感兴趣的读者。通过对大学生创新创业中的法律风险问题进行系统分析和探讨，本书旨在帮助读者建立全面的法律意识，规避法律风险，提升创业成功率。

作者在写作本书的过程中，借鉴了许多前辈的研究成果，在此表示衷心的感谢。由于本书需要探究的层面比较深，作者对一些相关问题的研究不透彻，加之写作时间仓促，书中难免存在疏漏或不妥之处，恳请前辈、同行和广大读者加以斧正。

目　录

第一章　大学生创新创业概述 ·· （1）

　　第一节　大学生创新创业的定义与意义 ························ （1）

　　第二节　大学生创新创业现状与趋势分析 ···················· （6）

　　第三节　大学生创新创业环境与支持政策 ···················· （17）

　　第四节　大学生创新创业法律风险认知 ······················ （27）

第二章　大学生创新创业法律基础 ·································· （29）

　　第一节　大学生创新创业法律框架概述 ······················ （29）

　　第二节　大学生创新创业知识产权保护 ······················ （38）

　　第三节　大学生创新创业合同法律风险预防 ·················· （45）

　　第四节　大学生创新创业财务与税务法律基础 ················ （50）

第三章　大学生创新创业项目的法律风险评估 ·················· （56）

　　第一节　大学生创新创业项目法律风险评估 ·················· （56）

　　第二节　大学生创新创业知识产权风险分析 ·················· （62）

　　第三节　大学生创新创业融资与投资法律风险评估 ············ （66）

　　第四节　大学生创新创业人力资源法律风险识别与防范 ········ （68）

第四章　大学生创新创业中的法律合规管理 ···················· （76）

　　第一节　大学生创新创业项目合法注册与备案 ················ （76）

　　第二节　大学生创新创业财务与税务合规管理 ················ （83）

　　第三节　大学生创新创业劳动法律合规管理 ·················· （85）

　　第四节　大学生创新创业网络安全与数据隐私合规管理 ········· （89）

第五章　大学生创新创业中的法律风险预警与防范 ·············· （96）

　　第一节　大学生创新创业法律风险预警机制 ·················· （96）

　　第二节　大学生创新创业法律风险防范策略 ·················· （107）

　　第三节　大学生创新创业团队法律意识的培养与教育 ··········· （111）

第六章　大学生创新创业法律纠纷解决 ···（119）

　　第一节　大学生创新创业合同纠纷解决方法 ·························（119）

　　第二节　大学生创新创业知识产权侵权案件处理 ·················（126）

　　第三节　大学生创新创业劳动纠纷解决途径 ·······················（131）

　　第四节　大学生创新创业融资与投资纠纷解决技巧 ·············（135）

第七章　大学生创新创业法律宣传与教育 ·······························（138）

　　第一节　大学生创新创业法律意识宣传活动策划 ·················（138）

　　第二节　大学生创新创业法律知识普及教育 ·······················（143）

　　第三节　大学生创新创业法律宣传与培训资源整合 ·············（147）

　　第四节　大学生创新创业法律文化建设与推广 ···················（152）

第八章　大学生创新创业法律政策与支持 ·······························（159）

　　第一节　大学生创新创业政策法规解读与分析 ···················（159）

　　第二节　大学生创新创业法律服务机构建设与运作 ·············（164）

　　第三节　大学生创新创业法律政策与社会资源对接 ·············（167）

　　第四节　大学生创新创业法律环境的国际视野 ···················（172）

参考文献 ···（174）

第一章　大学生创新创业概述

第一节　大学生创新创业的定义与意义

一、大学生创新创业的定义

大学生创新创业是指在校或刚毕业的大学生运用创新思维，识别市场机会，创立和经营新企业或新项目的过程。这不仅包括传统意义上的创业活动，还涵盖了通过技术创新、商业模式创新等多种方式实现经济或社会价值的行为。大学生开展创新创业不仅应当具备相应的专业知识，还应当具有较强的实践能力、管理能力和风险应对能力。这一过程不仅有助于培养学生的综合素质，也能为社会注入新的活力和创新动力。

二、大学生创新创业的意义

（一）促进个人能力提升

大学生参与创新创业活动，不仅是一种职业选择，更是一个全面提升个人能力的过程。在创新创业中，大学生必须面对复杂多变的现实问题，这迫使他们必须不断培养和提高自己的问题解决能力。无论是市场调研、产品设计，还是企业管理，每一个环节都可能遇到各种挑战，只有通过有效思考和快速反应，才能找到切实可行的解决方案。这种实践中的锻炼，远远超越了课堂中的理论学习，让大学生在实际操作中深化对知识的理解，并将其转化为实际技能。创业过程中充满了不确定性，每一个决定都可能对企业的发展方向产生深远影响。大学生在面临选择时，必须综合考虑市场需求、资源配置、成本控制等多方面因素，做出最优的决策。这个过程不仅需要理性分析和判断,还要求他们具备一定的前瞻性和风险意识。通过不断决策实践,大学生能够积累宝贵的经验,提升自己的决策力,为未来的职业发展奠定坚实的基础。

在创新创业活动中,大学生的团队协作能力会得到极大的锻炼。创业不是一个人的战斗,而是需要一个志同道合的团队共同努力。大学生在创业过程中,往往需要与不同背景和专长的人合作,这不仅考验他们的沟通能力,还要求他们具备协调各方资源、平衡团队利益的能力。在这种多元化的合作中,大学生学会了如何尊重他人的意见,如何在分歧中找到共同点,以及如何在团队中发挥自己的优势。这种团队协作的经验,不仅提升了他们的社会交往能力,也为其将来在职场中的团队合作奠定了基础。无论是与客户、投资人,还是团队成员,良好的沟通都是创业成功的关键。大学生需要不断练习如何清晰地表达自己的观点,如何有效地说服他人,以及如何通过沟通来解决冲突和问题。这种实战中的沟通训练,不仅让他们更具说服力和影响力,也提升了他们的情商,使他们能够更好地应对复杂的社交环境。

(二) 推动经济社会发展

大学生作为当代社会的创新先锋,正通过他们的创业活动为经济和社会的发展注入新的动力。他们的创业不仅是个体的职业选择,更是一种对社会责任的积极承担。大学生凭借他们的知识储备和前沿视野,能够迅速捕捉到市场的空白和新兴需求,将其转化为创新的商业模式。这些模式不仅填补了市场的空白,还推动了传统产业的升级和转型。大学生通过互联网平台,开辟了新的电子商务渠道和社交媒体营销手段成功打破了传统行业的壁垒,为消费者提供了更多的选择和便利。这种创新活动不仅优化了资源配置,也提高了市场的运行效率。大学生创业往往带来技术上的突破,能够推动新兴产业的快速发展。特别是在互联网经济和高新技术领域,大学生团队以其敏锐的市场洞察力和灵活的运营模式,迅速占据市场的一席之地。他们的创业项目通常具有高度的创新性和前瞻性,能够引领行业的发展方向。在人工智能、大数据和区块链等前沿技术的应用中,大学生创业者通过技术创新,催生了一批具有潜力的初创企业。这些企业不仅推动了相关技术的应用与普及,还通过提供创新的产品和服务,为消费者带来了全新的体验和价值。

创业活动的开展,不仅为创业者自身创造了就业机会,也为其他社会成员提供了更多的工作岗位。特别是在中小型企业和初创企业中,大学生创业团队通过招聘员工、建立合作等方式,直接或间接地带动了相关行业的就业增长。这种创业活动,不仅减轻了社会就业压力,也为年轻人提供了更多的职业选择和发展机会。同时，大学生创业还通过推动创业教育的普及和深化，培养了一批具备创新精神和创业能力的年轻人才，为社会的可持续发展积累了宝贵的人力资源。通过将创新理念与商业实践相结合，大学生能够开发出具有市场竞争力的新产品和新服务，满足多样化的市场需求。这种市场创新，推动了新兴产业的发展，促进了经济结构的优化和升级。在绿色科技、文化创意和社会企业等领域，大学生创业者通过引入可持续发展理念，将社会责任与商业利益有机结合，为经济发展探索出一条新的路径。这种创新创业活动，不仅推动了经济的可持续发展，也为社会的长期繁荣奠定了基础。

作为社会的未来，大学生通过创业活动，展示了他们的创造力和担当精神，不仅推动了社会的进步，也为他人树立了榜样。这种积极的创业精神，不仅是个人价值的实现，也是社会进步的推动力，对构建一个更加创新和繁荣的社会起到了积极的作用。综上所述，大学生创新创业活动对于推动经济社会发展具有深远的影响，他们不仅是经济发展的新引擎，也是社会进步的重要力量。

（三）增强社会责任感和使命感

大学生的创新创业不仅为他们提供了职业发展的机会，更为其提供了一个展示社会责任感的平台。在创业过程中，大学生有机会直接参与到社会问题的解决中，推动社会的进步和发展。通过创业，大学生可以将自己的创新理念应用于实际问题的解决，特别是在环境保护、扶贫和教育等领域。他们不仅能够通过技术和商业模式的创新来解决实际问题，还能够通过创业活动来引导更多人关注这些社会问题。一些大学生通过开发环保产品或服务，积极推动绿色经济的发展，促进资源的可持续利用。这种以实际行动参与社会问题解决的方式，使大学生更深刻地认识到自己的社会责任，并激发他们更强烈的社会使命感。大学生在创业过程中所经历的挑战与磨砺，也在无形中塑造并强化了他们的社会担当精神。创业并非一帆风顺，往往充满了各种不确定性和风险。面对这些困难，大学生需要具备强大的心理素质和应对能力。这种磨砺不仅锤炼了他们的毅力和决心，也使其更加清晰地认识到自身在社会中的角色及应承担的责任。在克服困难的过程中，他们逐渐培养出一种超越个人利益的使命感，这种使命感驱使他们不仅应关注企业的经济效益，更应关注企业对社会的贡献。这种对社会责任的重视，成为他们创业过程中的一项重要指导原则。

大学生能够在实践中深化对社会责任感的理解。创新创业并不仅仅是追求利润的手段，更是大学生将所学知识转化为社会贡献的重要途径。通过创业，他们有机会将自身的知识和技能应用到解决社会问题中，推动社会的可持续发展。一些大学生选择在教育领域创业，通过开发新的教育工具和平台，帮助更多人获取优质教育资源。这种创业行为不仅实现了个人价值，也对社会产生了积极影响，使他们深刻体会到作为社会一员所应承担的责任。创业过程中，大学生还能够通过实际行动，带动和影响他人增强社会责任感。他们通过创业项目所传递的社会价值观，不仅影响着企业内部成员，还能够通过产品和服务影响广大消费者。这种正向的社会影响力，使得大学生创业不仅仅是个人行为，更是一种社会责任的传播和弘扬。一些大学生在创业过程中，倡导公平贸易、绿色生产等理念，致力于推动社会的公平和可持续发展。这种以企业为平台的社会责任推广，不仅增强了他们自身的社会使命感，也在更大范围内传播了积极的社会价值观念。

大学生的创新创业活动还能够为他们积累宝贵的社会经验，进一步增强其社会责任感和使命感。通过参与创业，大学生有机会深入了解社会的各个层面，接触到多样化的社会需求和问题。这种社会经验的积累，不仅使他们在职业生涯中更加成熟和稳重，也使其在未来的社会活动中更加具备社会担当精神。他们在创业过程中学会了如何平衡经济效益与社会效益，如何在实现个人目标的同时为社会创造价值。这种双重目标的实现，使得他们在今后的职业生涯中，能够更加自觉地承担起社会责任，成为具备社会使命感的优秀人才。

（四）推动教育改革与人才培养

随着大学生创新创业活动的兴起，高校的教育理念和人才培养模式面临着全新的挑战。创新创业活动要求高校不仅应关注理论知识的传授，更要注重培养学生的实践能力。为了满足这一需求，许多高校开始调整课程设置，增加与创业相关的实践课程，通过实际项目让学生更好地理解市场运作，培养他们解决实际问题的能力。这种课程设置的改革不仅提升了学生的实践技能，也有助于他们在未来的职业生涯中更好地适应市场的变化。传统的教育模式往往侧重于知识的灌输，而忽视了学生创新精神的培养。为了更好地适应创新创业的要求，高校逐步引入了更多的创新教育元素，鼓励学生通过参与创业活动来锻炼他们的创造力和决策能力。与此同时，高校也在探索如何将创业教育与专业教育有机结合，使学生在掌握专业知识的同时，也能够具备创业所需的综合能力。这种复合型人才的培养模式，不仅有助于学生个人的发展，也为高校教育体系的完善提供了新的思路。

随着创业教育的重要性日益凸显，高校也在不断优化教育体系。创业教育的引入，使高校在培养目标上更加注重与市场需求的契合度。为了培养出更加适应市场需求的人才，高校开始注重跨学科的教育，鼓励学生在学习专业知识的同时，也能够接受不同领域的知识熏陶。通过这种多元化的教育模式，学生不仅能够拓宽自己的视野，也能够在未来的创业过程中更好地应对各种挑战。高校还通过加强与企业的合作，为学生提供更多的实习和就业机会，帮助他们更好地将所学知识应用于实践。高校教育理念的转变，不仅体现在课程设置和人才培养模式上，也促使高校在教育管理和服务方面进行革新。为了更好地支持学生的创业活动，高校开始提供一系列的创业服务和资源，包括创业指导、创业资金支持等。这些服务的提供，不仅帮助学生更好地开展创业活动，也为他们提供了一个实践创新思想的平台。通过这些措施，高校不仅能够提升学生的创业能力，也能够增强他们的自信心和责任感，为他们未来的发展奠定坚实的基础。最终，高校通过推动教育改革和创新创业活动的结合，不仅提升了自身的教育水平，也为社会培养出了一批具有创新精神和创业能力的复合型人才。

（五）提高就业竞争力

面对日益严峻的就业形势，大学生们需要寻求多样化的就业途径，以提升自身的竞争力。创新创业成为他们应对这一挑战的重要方式。通过创业，大学生们不再局限于传统的求职渠道，而是能够主动创造就业机会。这种主动性不仅让他们在就业市场中占据了主动权，也为他们提供了更多的发展可能性。学生们需要面对市场竞争、团队管理、资金筹措等一系列复杂的挑战，这些都为他们积累了宝贵的社会经验。在这个过程中，他们不仅能学会如何应对实际问题，还能够建立起广泛的人脉网络，为未来的职业生涯打下坚实的基础。与此同时，创业经历还为大学生提供了一个实践创新思维和创业能力的机会。通过亲身参与创业项目，他们能够更好地理解市场需求，提升自己的商业敏锐度。在未来的职业选择上，无论是继续创业，还是进入职场，这些在实践中获得的经验和能力都是极为宝贵的。尽管创业存在一定的风险，可能并不总是能够取得成功，但即使如此，这段经历依然会成为他们职业生涯中的一大亮点。创业所培养出的抗压能力、解决问题的能力及团队合作精神，都是现代职场中非常看重的素质，这些素质无疑会增强他们在求职过程中的竞争力。

创业的过程中，他们还会遇到各种各样的挫折和挑战，这些都要求他们具备顽强的毅力和灵活的应变能力。这种通过实践积累的经验，比单纯的课堂学习更加直观和深刻，对他们的职业生涯产生了深远的影响。这些能力的提升，使得他们在就业市场上比其他应届毕业生更具优势，更能获得用人单位的青睐。创业过程中的人际网络也是大学生未来职业发展的重要资源。通过创业，他们能够结识来自不同行业的专业人士，积累起丰富的人脉资源。这些人脉不仅在创业过程中能够提供支持和帮助，在未来的职业发展中也能够起到关键性的作用。创业所建立起的这些联系，有助于他们获取更多的就业信息和机会，拓宽自己的职业发展路径。这些人脉资源还能够帮助他们更好地了解行业动态，掌握最新的市场信息，从而在求职过程中占据更大的优势。

创业经历还能够帮助大学生们更好地明确自己的职业目标和发展方向。在创业的过程中，他们可以通过实际操作和市场反馈，找到自己真正感兴趣的领域和擅长的技能。这种清晰的职业定位，使得他们在求职时能够更有针对性地选择适合自己的岗位，从而提高就业成功率。同时，创业失败的经历也能够帮助他们更好地认识自身的不足，从而在未来的职业发展中不断提升自我。因此，尽管创业有一定的风险，但无论成功与否，这段经历都将成为他们未来职业发展的重要财富，为他们的职业生涯增添浓墨重彩的一笔。

第二节　大学生创新创业现状与趋势分析

一、大学生创新创业的现状分析

（一）资金短缺

创业资金的短缺问题是大学生在创业初期普遍面临的一个巨大挑战。许多刚毕业的大学生由于缺乏稳定的收入来源和良好的信用记录，使得他们在向银行申请贷款时常常遭遇困难。银行通常需要借款人提供资产抵押或者有可靠的还款能力，而大学生由于缺乏这些条件，难以获得传统金融机构的支持。除此之外，社会资本对大学生创业项目的兴趣也相对较低，投资者通常更愿意将资金投向那些有较高成功率的成熟项目，而对于大学生创业这样具有较大不确定性的投资往往持谨慎态度。社会资本的冷淡，使得大学生在融资方面面临更大的挑战。

大学生的创业项目通常缺乏市场竞争力和明确的盈利模式，这进一步降低了他们吸引投资的能力。创业者们往往因为缺乏商业经验而难以制定出具有吸引力的商业计划书，这使得他们在融资演讲中难以打动投资者的信任。由于创业初期的风险较大，大学生创业团队的稳定性和执行力也常常受到投资者的质疑。投资者对大学生创业项目的保留态度，使得这些初创企业难以获得足够的启动资金，在竞争激烈的市场中往往处于不利地位。大学生创业团队即便有了创新的想法，也很难将这些创意转化为现实。此外，因为资金不足，他们无法进行大规模的市场推广、研发新产品或进行必要的市场调研。

政府和社会对大学生创业的支持政策虽然存在，但在实际落实中却存在着一定的局限性。许多大学生由于对政策不够了解或者申请流程复杂，未能有效利用这些政策资源来缓解资金短缺的问题。即使有些创业者成功申请到了政府补贴或贷款支持，这些资金往往也只能解决创业初期的一部分问题，而不能为项目的长期发展提供持续的资金保障。在一些情况下，政府和社会的支持可能更偏向于那些具有较好发展前景的项目，而许多初创阶段的项目因为缺乏足够的市场验证，很难获得这类支持。这种局面使得大学生创业者在创业过程中时常陷入资金匮乏的困境，无法顺利推进项目的发展。

（二）经验不足

刚刚走出校门，大学生大多没有实际参与过企业运营的经历，因此在市场分析、企业管理和团队建设等关键领域表现出明显的不足。市场分析是创业成功的基础，而大学生由于缺乏实践经验，往往难以准确判断市场需求和趋势。他们在市场调研中容易忽略重要的信息，导致产品或服务无法准确定位目标客户群体，进而错失市场机会。管理不仅涉及决策的制定，还涉及财务管理、人力资源管理、风险控制等多个方面。许多大学生创业者因为没有足够的管理经验，无法有效应对企业运营中的复杂问题。现金流管理的失败常常导致新创企业陷入财务困境，甚至走向破产。人力资源管理也是一个难题，大学生创业者往往缺乏招聘和管理人才的经验，导致团队成员之间缺乏协调和默契，影响了项目的整体进展。

团队建设是创业成功的重要因素，但对大学生来说，这也是一个充满挑战的任务。组建一个高效的团队需要识别各成员的优势，并合理分配任务，以确保团队运作顺利。然而，许多大学生创业者在团队建设上往往表现出不成熟的一面。他们可能因为缺乏人际交往经验而无法有效沟通，或者因为过度信任朋友而忽视团队成员的专业能力，最终导致团队内部矛盾重重，影响项目进展。团队建设的不成功不仅会延缓项目进度，还可能导致团队解散，创业失败。创业过程中不可避免地会遇到各种风险和挑战，而大学生由于缺乏实际应对经验，往往在面对突发问题时措手不及。他们可能在面对市场波动时无法迅速调整策略，或在遇到法律纠纷时不知所措，导致企业蒙受损失。此外，由于缺乏对风险的全面认识和准备，他们在创业过程中更加容易遭遇挫折和失败。

许多大学生并未充分意识到如何利用校友网络、行业导师或创业孵化器等资源来弥补自身经验的不足。尽管他们可能拥有一定的专业知识和创新想法，但由于缺乏有效的资源整合能力，往往难以将这些想法转化为可行的商业模式。大学生创业者在营销和推广方面的经验不足，也限制了他们将产品或服务推广到更广泛市场的能力。无论是线上还是线下的市场推广，都需要一定的经验和技巧，而这些正是许多大学生创业者所欠缺的。

（三）市场竞争激烈

在当前激烈的市场竞争环境中，大学生创业者面临的挑战显而易见。市场中，大企业和资深创业者早已占据了大部分的市场份额，致使新兴创业者面临着巨大的生存压力。大企业凭借其丰富的资源和强大的市场影响力，能够迅速推出新产品，并通过大规模的市场推广占据优势地位。相较之下，大学生创业项目由于缺乏核心竞争力，往往难以与这些市场巨头抗衡。他们的产品和服务在市场中容易被淹没，难以引起足够的关注和兴趣。同时，资深创业者凭借多年积累的经验和行业关系，能够迅速识别市场机会并采取行动。相比之下，大学生创业者由于经验不足，往往在市场竞争中显得力不从心。即便他们有创新的想法和技术，也难以迅速转化为市场上有竞争力的产品。这种情况下，大学生创业者不仅要面对市场的激烈竞争，还要不断优化和调整自己的商业模式，以适应快速变化的市场环境。

很多行业已经进入了高度竞争的阶段，新进入者要想在这样的市场中找到立足之地，难度可想而知。大学生创业者通常没有足够的资金进行大规模的市场推广，也缺乏稳定的客户群体和品牌认知度，致使他们的创业项目难以在市场中脱颖而出。即便他们有独特的产品或服务，如何有效地将这些产品推向市场，并在众多竞争者中获得消费者的认可，仍然是一个巨大的挑战。大企业通常拥有强大的研发团队和丰富的资源，能够迅速将最新的技术应用到产品中。而大学生创业者由于资源有限，难以在技术创新上与大企业竞争。他们往往需要在产品质量、服务体验和用户反馈等方面投入更多精力，以弥补资源上的劣势。然而，这种努力往往需要大量时间和资金投入，而新兴创业者通常难以承担。

市场上的消费者越来越趋向于信任已有品牌，对于新品牌的接受度较低。这意味着大学生创业者在推广和宣传上需要投入更多的精力和创意，以吸引潜在客户的注意力。即便他们的产品或服务具有一定的创新性，但在一个竞争激烈的市场中，如果不能迅速建立品牌认知度，就很难实现长期的市场增长。这使得大学生创业者在市场开拓和客户获取上面临着双重压力。面对市场竞争的激烈程度，大学生创业者需要在项目的早期阶段就做好充分的市场调研，明确自身的竞争优势和市场定位。只有找到一个适合的市场切入点，并通过差异化的策略赢得客户，才能在竞争激烈的市场中站稳脚跟。与此同时，他们还需要不断提升自身的产品和服务质量，以在市场中树立良好的品牌形象，逐步扩大市场份额。这些策略虽然看似简单，但在激烈的市场竞争中，任何一点疏忽都可能导致创业项目的失败。因此，大学生创业者必须在激烈的市场竞争中保持清醒的头脑，并通过不断努力和创新来抓住市场中的机会。

（四）政策支持不足

尽管国家和地方政府为支持大学生创业出台了一系列政策，但在实际落实过程中，这些政策往往难以发挥其预期效果。政策执行的力度不足是导致这一现象的主要原因。虽然政策在设计时考虑到了大学生创业的实际需求，但在具体操作过程中，相关部门往往缺乏足够的资源和动力来确保政策的全面执行。这导致许多大学生创业者无法真正享受到政策带来的实惠，甚至在申请和获取政策支持时遇到了诸多障碍。在政策实施过程中，涉及多个部门的协作与配合，而这些部门之间常常缺乏有效的沟通和协调机制，导致政策执行过程中出现了推诿、扯皮的现象。大学生创业者在申请政策支持时，往往需要经过烦琐的程序和多个部门的审批，这不仅耗费了他们大量的时间和精力，还可能导致他们错过最佳的创业机会。

尽管政府通过各种渠道发布政策信息，但由于传播效果有限，很多大学生无法及时获取这些信息，导致他们对政策的了解存在较大的局限性。即使他们知晓政策的存在，也可能因为缺乏详细的指导和支持而无法顺利申请并利用这些政策资源。这种信息不对称的现象，使得政策的实施效果大打折扣，许多大学生创业者因此错失了原本能够帮助他们克服创业困难的机会。部分政策虽然在理论上具有较强的支持力度，但在实际操作中，由于条件过于严格或流程复杂，大学生创业者很难达到政策要求或完成烦琐的申请程序。这使得许多创业者在面对政策时望而却步，宁愿放弃申请而自行解决创业中的问题。政策在不同地区的执行标准不一，也导致了政策效果的差异化。有些地区由于经济条件和政策执行力度的不同，导致大学生创业者在获得政策支持的机会和程度上存在明显的地域差异。

政策的长期性和持续性也影响了其对大学生创业的实际支持力度。许多支持政策具有一定的时效性，或仅针对创业初期阶段的短期支持，而缺乏对创业中后期的持续扶持。对于刚刚起步的大学生创业者来说，这些短期政策可能帮助有限，而在创业过程中面临的长期挑战则需要更加持续和系统的支持措施。由于政策缺乏长期性的规划，大学生创业者在初期获得的支持难以转化为长远的创业成功，这也在一定程度上限制了政策的实际效果。

（五）心理压力

创业本身就充满了不确定性和风险，而大学生作为初次涉足商业领域的创业者，往往需要面对来自多方面的挑战。市场的激烈竞争、资金的短缺、经验的不足等问题都可能给他们带来沉重的心理负担。当创业遇到挫折或失败时，这种压力更容易转化为自我怀疑和焦虑情绪。对于许多年轻创业者来说，创业的失败不仅意味着经济上的损失，还会对他们的自信心造成打击，使他们怀疑自己的能力和选择。大学生创业者通常缺乏成熟的社交圈和支持网络，他们在遇到问题时往往难以找到合适的人倾诉或求助。这种孤立无援的状态加剧了他们的焦虑和压力，使他们在面对复杂的创业环境时更容易感到无助。创业的高强度工作和长期的压力积累，也可能导致创业者出现情绪波动、注意力分散、睡眠质量下降等问题，这些负面情绪如果得不到及时疏导和解决，可能会进一步恶化，甚至引发更严重的心理健康问题。

大学生创业者的心理压力不仅影响到他们的创业表现，还可能对他们的整体生活质量产生不利影响。长期处于压力下，他们可能难以平衡学业、生活和创业之间的关系，导致在学习和社交方面的表现下滑。这种不平衡状态容易引发更多的负面情绪，形成恶性循环，进一步削弱他们的创业动力和积极性。心理压力的积累还可能影响他们的决策能力，使他们在关键时刻难以做出理性和冷静的判断，从而影响创业的成败。许多大学生创业者在创业时承受着来自家庭、朋友和社会的期望，他们希望通过创业证明自己的能力，实现个人价值。然而，当创业过程不顺利时，这种外界的期望可能转化为巨大的心理负担，导致他们难以承受创业的挫折。特别是在创业失败后，他们可能会感到羞愧和压力，担心让支持他们的亲友失望。这种心理负担如果得不到有效疏解，可能会对他们的自我认知和心理健康产生长期的负面影响。

寻求心理支持是一个重要途径。无论是通过与导师、同学或者专业心理咨询师沟通，还是通过参加创业者互助组织获得情感支持和建议，都可以有效缓解他们的心理压力。合理的时间管理和生活方式调整也是缓解压力的重要手段。大学生创业者应学会在高强度的工作之余，合理安排休息时间，保持良好的生活习惯，以减轻心理负担。最重要的是，他们需要认识到创业过程中的挫折和失败是成长的一部分，只有正确面对这些挑战，才能从中汲取经验，逐步提升自己的抗压能力和心理韧性。

（六）缺乏专业指导

创业需要深厚的专业知识和技能，但许多大学生在这方面显得相对薄弱。尽管一些高校已经意识到这个问题，并设立了创业辅导中心，希望通过提供支持和资源来帮助学生顺利创业，但这些辅导中心的专业性和实用性往往还有待提高。大学生创业者在实际操作中，常常面临许多具体问题，如市场调研、财务管理、法律风险等，这些都需要专业的指导。然而，由于缺乏足够的专业支持，他们往往只能依靠自身有限的知识和经验，导致在创业过程中走了许多弯路。虽然这些中心提供了一定的创业知识培训和咨询服务，但很多时候，所提供的内容较为理论化，缺乏实际操作性。这使得学生在面对复杂的市场环境时，难以将学到的知识应用于实践中。尤其是在面对创业初期的诸多挑战时，缺乏专业指导的他们容易在关键决策上出现失误，进而影响创业项目的整体发展和成功率。

与经验丰富的创业者相比，大学生缺乏商业洞察力和实际操作经验，在应对市场波动、团队管理、资源整合等方面常常显得力不从心。虽然有些高校尝试引入外部导师，但由于资源有限或合作机制不完善，学生们难以获得持续的、高质量的专业指导。这种指导的缺乏，使得大学生在面对创业困境时往往难以找到合适的解决方案，最终导致项目失败或停滞不前。高校创业辅导中心的服务覆盖面有限，使得一些大学生创业者难以享受到这些服务。尤其是在非主流创业领域，辅导中心可能缺乏相应的专业知识和资源，无法为学生提供有效的指导。这种局限性使得许多大学生创业者在探索新兴市场或创新领域时，难以获得足够的支持，导致他们在创业过程中迷失方向，甚至放弃创业。

创业指导的缺乏不仅影响大学生的创业成功率，还可能对他们的职业发展产生长期影响。学生们如果无法及时获得正确的指导和帮助，容易陷入困境，甚至对创业失去信心。这种负面经历可能导致他们在未来的职业生涯中更加保守，难以再尝试创新和挑战，错失个人发展的良机。因此，高校和社会需要认识到，创业指导不仅仅是创业初期的支持，更是对学生未来职业发展的长期投资。

（七）团队协作问题

在大学生创业过程中，团队协作问题是一个普遍存在的挑战。组建一个有效的创业团队需要的不仅仅是共同的目标，还需要良好的沟通技巧和人际关系处理能力。然而，由于大学生普遍缺乏管理经验和人际交往的成熟度，这些团队往往在沟通上存在诸多问题。团队成员之间的意见分歧难以得到有效解决，导致项目进展缓慢，甚至出现停滞的情况。沟通不畅会导致团队内部的协调难度加大，任务分配和资源调度也因此受到影响，最终影响整个创业项目的推进。由于缺乏应对冲突的经验，大学生创业者在面对团队内部的分歧时，往往选择回避或压制问题，而不是通过有效沟通和协商来解决。这种处理方式可能会暂时缓解矛盾，但长期来看，问题往往会积累并在关键时刻爆发，严重影响团队的凝聚力和战斗力。特别是在面对压力和挑战时，内部矛盾的激化往往使得团队成员的合作意愿下降，甚至导致团队的解散。

由于缺乏明确的分工和职责界定，团队成员在工作过程中常常出现职责重叠或无人负责的情况。这种角色混乱不仅导致工作效率低下，还容易引发内部冲突。每个成员都希望在团队中发挥自己的作用，但由于缺乏有效领导和管理，团队往往难以形成统一的行动方案。长此以往，这种无序的工作模式不仅影响项目的推进，也打击了团队成员的士气和积极性。团队成员的个人发展目标和团队目标之间的矛盾也会影响团队的稳定性。每个成员都有自己的职业规划和发展需求，当这些需求与团队的整体目标不一致时，矛盾和分歧就会产生。如果团队领导者不能有效协调和整合这些不同的需求，那么，团队成员可能会因为个人发展受限而选择离开团队，导致团队人员的流动性增加。这种高流动性不仅影响团队的稳定性，也使得项目的延续性受到威胁。

大学生创业者由于彼此之间缺乏深厚的合作基础，容易在面对压力时产生互不信任的情绪。特别是在遇到挫折或困难时，团队成员可能会互相指责，而不是共同面对问题。这种缺乏信任的氛围使得团队内部的人际关系变得紧张，进一步阻碍了有效协作与沟通。信任的缺失不仅使得团队难以形成合力，还可能导致团队内部出现严重的裂痕，影响整个创业项目的成功。

（八）创新能力不足

大学生在创业过程中面临的一个关键问题是创新能力的不足。尽管他们往往充满创意和新想法，但这些创新往往停留在表面，缺乏深层次的市场调研和技术研发支持。由于经验不足，大学生在进行市场调研时常常无法准确把握市场需求和趋势，这使得他们的创新项目缺乏针对性和实际市场价值。产品和服务的创新如果不能与市场需求紧密结合，很难在激烈的竞争中取得成功。虽然他们可能具备一定的理论知识，由于缺乏必要的技术支持和研发资源，他们的创新想法往往难以转化为成熟的产品或服务。技术研发的不足不仅使得他们的创新成果难以实现突破性进展，还可能导致在市场推广时因技术不成熟而遭遇挫折。这种技术上的瓶颈，使得大学生创业项目难以在技术含量和产品差异化上与竞争对手抗衡。

很多创业者在项目初期充满激情，但随着创业过程中遇到的困难增多，他们的创新动力和思维往往会逐渐减弱。缺乏长远规划的创新项目，容易在面对市场变化和竞争压力时失去方向，最终难以持续发展。这种短期化的创新思维，不仅影响了项目的长期竞争力，也使得大学生创业者在创新能力上的不足更加凸显。大学生的创新活动往往受到资源和时间的限制，这进一步削弱了他们的创新能力。资金、时间和人力资源的不足，使得他们无法进行充分的市场调研和技术研发，从而限制了创新的深度和广度。特别是在技术领域，缺乏研发投入和专业支持，使得大学生难以在技术创新上取得实质性突破。这种资源的匮乏，使得他们在创新过程中往往只能停留在概念和构想的阶段，难以将创新落地并推向市场。

许多大学生创业者的创新想法虽然新颖，但在市场中往往难以与已有的成熟产品竞争。大企业凭借其强大的资源和市场占有率，能够迅速模仿和超越这些新创企业的创新成果，使得大学生的创新优势难以保持。这种竞争压力使得他们的创新活动往往止步于初步阶段，难以形成具有市场竞争力的产品和服务。

二、大学生创新创业的趋势分析

(一) 技术驱动型创业增加

随着科技的迅猛发展，大学生创业者越来越倾向于选择以技术为核心的创业方向。人工智能、大数据和区块链等前沿技术为他们提供了前所未有的创业机会，使得他们能够在市场中找到独特的定位。技术驱动型创业不仅能够精准满足市场需求，还能够通过创新技术为产品和服务带来更高的附加值，从而提升创业项目的整体竞争力。通过将先进技术融入创业项目，大学生创业者不仅能够提升项目的技术含量，还能够在竞争激烈的市场中找到突破口。在当今的创业环境中，技术不仅是解决实际问题的工具，更是开创全新商业模式的关键因素。大学生创业者利用科技手段，不仅能够开发出更具市场吸引力的产品，还能够通过技术优化运营流程，提升项目的效率和可持续性。这种趋势表明，技术正在成为推动大学生创业者实现创新的主要动力，使得他们在创业时能够以更高的起点进入市场。

在面对大企业和成熟市场的竞争时，大学生创业者通常资源有限，但通过技术创新，他们能够创造出差异化的产品和服务，从而在市场中脱颖而出。先进技术的应用使得他们能够迅速响应市场变化，满足客户不断提升的需求。尤其是在一些新兴领域，技术驱动型创业能够抓住市场空白，通过创新为企业创造更多价值。这不仅提高了创业项目的市场份额，也为创业者提供了更为广阔的发展空间。相较于传统企业，大学生更容易接受新技术，并且愿意尝试将其应用于实际的创业项目中。这种技术敏感性使得他们在创业过程中能够迅速捕捉市场动态，并通过技术手段快速迭代产品，保持竞争力。因此，技术驱动型创业不仅是一种趋势，更是一种符合现代市场需求的创业模式，能够帮助大学生创业者在短时间内实现快速成长。

技术驱动型创业为大学生提供了一个将理论知识转化为实践能力的平台。通过将学术研究与实际创业相结合，大学生不仅能够将所学的技术知识应用于创业中，还能够通过创业实践进一步深化对技术的理解。这种理论与实践的结合，不仅提升了他们的创业能力，也为他们未来的职业发展打下了坚实的基础。在技术驱动的创业模式中，大学生能够通过不断探索和创新，找到最适合自己的发展路径，从而实现创业梦想。

(二) 社会责任导向的创业

许多大学生在创业时，不再仅仅追求商业利益，而是更加关注如何通过创业来解决现实社会中的各种问题。环境保护、教育公平、健康福祉等领域成为他们创业的重点方向。这样的创业项目不仅反映了大学生对社会问题的深切关注，还体现了他们强烈的社会责任感。通过将社会责任融入创业理念中，大学生创业者不仅为社会带来了积极的改变，也为自己的创业项目赋予了更深远的意义。在当前的市场环境中，消费者和投资者越来越关注企业的社会责任表现。那些致力于解决社会问题的创业项目，往往能够获得更多关注和支持，从而在竞争激烈的市场中脱颖而出。这种创业模式不仅能够实现经济效益，还能够通过推动社会进步获得更多的长期支持。大学生创业者通过这种方式，不仅能够实现个人的创业梦想，还能够为社会贡献力量，形成双赢的局面。

社会责任导向的创业也为大学生创业者提供了一个更加广阔的实践平台。通过关注和解决社会问题，他们能够将所学知识应用于实际，为社会创造实际价值。这种创业模式不仅增强了他们的社会责任感，也提升了其创新能力和实践经验。在解决社会问题的过程中，大学生创业者需要面对复杂的挑战，学会如何在资源有限的情况下实现最大化的社会影响。这种实践经验对他们的个人成长和职业发展具有深远的影响，促使他们在未来能够更好地应对各种挑战。在共同的社会责任目标下，不同学科背景的大学生往往能够携手合作，将各自的专业知识和技能相结合，形成更为全面和创新的解决方案。这种跨学科的合作不仅提升了创业项目的成功率，也为大学生创业者提供了一个互相学习和共同进步的平台。通过这种合作，他们不仅能够扩展自己的知识面，还能够建立起广泛的社交网络，为未来的创业和职业发展打下坚实的基础。

随着越来越多的大学生投入社会责任创业中，高校、政府和社会各界开始提供更多的支持和资源，鼓励和引导他们在创业过程中关注社会问题。这种支持不仅体现在资金和资源的提供上，还包括对社会责任理念的倡导和教育。大学生在这样的创业生态中，不仅能够获得更多的创业机会，还能够在实践中不断提升自己的社会责任意识和创新能力。这一趋势无疑为整个社会注入了更多的人文关怀和积极意义。

（三）跨学科和多元化团队合作

大学生创业项目越来越注重跨学科和多元化的团队合作，这一趋势为创新创业带来了显著的优势。通过不同专业背景的学生合作，创业团队能够将多领域的知识和技能进行有效整合，从而开发出更加全面和创新的解决方案。这样的合作模式不仅能够弥补单一学科知识的不足，还能够在项目中引入更多的创意和视角，使得创业项目更加多元化并具有竞争力。跨学科合作在一定程度上打破了传统的学科界限，促使团队成员在合作中互相学习、互相补充，形成了更加高效和创新的团队氛围。多元化团队合作的优势不仅体现在知识整合上，也体现在团队内部的沟通和协作上。不同学科背景的团队成员带来了不同的思维方式和解决问题的策略，这种多样性使得团队在面对复杂问题时能够从多个角度进行分析和讨论，从而得出更具创新性的解决方案。多元化团队的合作不仅提高了项目的整体创新能力，还增强了团队的市场适应性，使得创业项目能够更好地应对市场变化和竞争压力。这种合作模式成为大学生创新创业中的显著特点，也反映了现代创业项目对多元化和跨学科合作的需求。

不同学科的融合不仅有助于拓宽项目的市场应用领域，还能够为项目带来更多的商业机会和发展方向。技术类专业的学生可以负责项目的技术研发和产品设计，而经济管理类专业的学生则可以负责市场推广和财务管理。这样的分工合作使得项目在各个环节都能够得到专业化处理，从而提高了项目的整体质量和竞争力。通过这种合作模式，大学生创业者能够更好地发挥各自的专业优势，形成合力，推动项目的成功。跨学科和多元化团队合作的模式还促进了团队成员之间的互信和协作精神。不同学科背景的学生在合作中能够互相学习、互相启发，从而形成一种共同成长的团队文化。这种团队文化不仅有助于提升项目的创新性，还能够增强团队的凝聚力和战斗力，使得团队在面对挑战时能够更加团结一致，进而共同应对。这种合作模式不仅提升了项目的成功率，也为团队成员的个人发展提供了一个广阔的平台，使得他们在创业过程中获得了宝贵的实践经验和成长机会。

跨学科和多元化团队合作还能够为大学生创业项目带来更多的社会资源和支持。不同学科背景的团队成员往往拥有不同的社交圈和行业资源，这些资源的整合为项目的推进提供了强有力的支持。通过团队合作，大学生创业者能够更好地利用这些资源进行市场开拓、技术研发和品牌推广，从而在竞争激烈的市场中占据优势地位。这种资源的整合不仅提高了项目的市场竞争力，也为团队成员未来的发展打下了坚实的基础。

（四）线上与线下结合的创业模式

随着互联网的快速发展，大学生在创业时越来越倾向于采用线上与线下结合的模式。这种结合不仅扩展了市场覆盖面，还为创业者提供了更多的营销和推广渠道。通过电子商务平台和社交媒体进行线上推广，大学生创业者能够以较低的成本快速测试市场反应，并根据反馈及时调整产品和服务。这种灵活的创业模式使得他们能够在竞争激烈的市场中快速找到合适的定位，同时利用线下服务提升用户体验，形成线上线下的有效互动。线上与线下结合的创业模式在一定程度上降低了创业的门槛，使得更多的大学生能够参与到创业中来。传统的线下创业模式往往需要较大的资金投入和场地成本，而通过线上渠道，大学生创业者可以在不需要实体店铺的情况下开展业务。这不仅节省了初期的创业成本，还能够让他们更灵活地运营和管理项目。通过线上销售和线下服务的结合，创业者可以在初期积累客户资源和市场经验，然后再逐步扩大业务范围。

这种线上与线下结合的模式使得大学生创业者能够更好地满足消费者的多样化需求。在数字化时代，消费者不仅重视线上购物的便利性，还希望在购物过程中获得个性化的服务体验。通过线上渠道，创业者可以快速获取用户数据和市场反馈，然后通过线下渠道提供定制化的服务，增强客户的忠诚度和满意度。这种模式的灵活性使得创业者能够迅速响应市场变化和消费者需求，从而在市场竞争中占据有利位置。同时，线上与线下结合的创业模式还促进了创业项目的多元化发展。大学生创业者可以通过线上平台进行品牌推广、产品销售、客户互动，同时，通过线下渠道进行产品展示、客户体验和售后服务。这种模式不仅丰富了创业项目的业务形式，还为创业者提供了更多的盈利模式和市场拓展机会。通过整合线上和线下资源，创业者可以更好地实现业务的全方位发展，提升项目的整体竞争力。

线上与线下结合的模式也为大学生创业者提供了更多的学习和成长机会。他们需要同时掌握线上营销、数据分析、客户管理等多种技能，并学会如何将这些技能有效结合。这种综合能力的培养不仅有助于提升他们的创业成功率，还为他们未来的职业发展打下了坚实的基础。通过线上与线下的结合，大学生创业者能够在实际操作中不断提升自己的综合素质和市场竞争力。

（五）生态系统和孵化器的支持

随着大学生创新创业生态系统的不断完善，创业孵化器、创业基金和支持平台正在为大学生创业者提供全面的支持。这些生态系统的建立不仅为创业者提供了必要的资金和资源，还为他们的创业之路提供了专业化的指导和培训。通过孵化器和加速器的帮助，大学生创业者能够在创业初期获得宝贵的行业经验和技术支持，从而在竞争激烈的市场中占据一席之地。这种系统化的支持极大地降低了创业的风险，使得大学生能够更加专注于创新和产品开发。不仅如此，这些生态系统还为大学生创业者提供了广泛的网络资源，使得他们能够更好地连接市场和客户。通过与其他创业者、投资人和行业专家的互动，大学生创业者能够快速获取市场信息、行业动态和潜在的商业机会。这种资源的整合使得他们能够更加高效地推进创业项目，减少了试错成本。孵化器和加速器的支持不仅体现在资金和资源上，更重要的是为创业者提供了一个学习和成长的平台，让他们能够在实践中不断提升自己的创业能力。

传统的大学生创业往往依赖个人的创新和努力，而在现代创业生态系统的支持下，创业者能够更加系统地进行市场调研、产品研发和业务拓展。孵化器和加速器通过提供系统化的培训和咨询服务，帮助创业者解决创业过程中遇到的各种问题，从而提高创业项目的成功率。这种专业化的支持使得大学生创业不再是单打独斗，而是有了强大的后盾，推动了创新创业的快速发展。随着创业孵化器和支持平台的普及，越来越多的投资者开始关注大学生创业项目。创业基金的投入不仅为创业者提供了急需的启动资金，还增强了项目的市场信心。资本的介入使得大学生创业项目能够在更大规模上进行试验和推广，从而更快地实现商业化。这种良性循环不仅促进了创业项目的快速成长，也为整个创新创业生态系统注入了新的活力。

创业孵化器和支持平台还为大学生创业者提供了一个安全的试验场。通过在孵化器内的资源共享和专家指导，创业者能够在较为安全的环境下进行创业实践。这种环境不仅降低了创业失败的风险，还为创业者提供了宝贵的经验积累。在孵化器的支持下，大学生创业者能够更加自信地面对市场挑战，并在不断学习和改进中实现创业梦想。

第三节　大学生创新创业环境与支持政策

一、大学生创新创业的环境

（一）教育培训环境

高校在创新创业教育方面的重视程度正在不断提高，通过开设专门的创新创业课程和实践项目，大学生们能够更好地培养自己的创业意识和实际操作能力。这些课程通常不仅注重理论知识的讲授，更注重将学生带入实际的创业情境中，使他们能够体验到创业的真实挑战与机遇。与此同时，高校还通过举办各种创业大赛和创业营，为学生们提供展示才华和验证创意的机会。这些实践活动不仅增强了学生的创业信心，也为他们提供了一个与现实市场接轨的宝贵平台。许多高校还与企业建立了密切的合作关系，邀请创业成功人士和行业专家担任导师，为学生们提供实践指导和经验分享。这种导师制度使得学生在创业初期能够少走弯路，更加有效地规划和执行自己的创业项目。行业专家的指导也帮助学生们更好地了解市场需求和行业趋势，从而在创业过程中做出更具前瞻性的决策。这种实践与理论相结合的教育培训模式，不仅帮助大学生提高了创业技能，也为他们的创业项目奠定了坚实的基础。

通过跨学科的课程设置，学生们不仅能够学习到与创业相关的专业知识，还能锻炼自己的团队协作、沟通和领导能力。这些能力对于成功创业至关重要，而高校通过系统化的教育培训，使学生在进入社会前就具备了这些关键技能。这种多维度的能力培养，使得学生在创业过程中能够更好地应对复杂的挑战，提升了他们在市场中的竞争力。高校还在不断创新教育模式，以适应快速变化的市场需求。部分高校开始引入企业真实项目作为教学案例，让学生直接参与到企业的运营和管理中。这种"实战"式的教育方式，使得学生能够在真实的商业环境中锻炼自己的创业能力，并通过实践积累宝贵的经验。这种教育模式的创新，不仅提升了教学效果，也缩短了学生从校园到社会的适应时间，使他们能够更快地进入创业状态。

高校还通过构建创业生态系统，为学生提供全方位的支持。在这些生态系统中，学生不仅能够获得资金和资源支持，还能与其他创业者进行交流和合作。这种生态系统为学生提供了一个集学习、实践、交流为一体的综合平台，使得他们能够在一个更加宽广和开放的环境中发展自己的创业项目。高校的这种支持体系，不仅能帮助学生更好地实现创业梦想，也为创新创业注入了新的活力和动力。

（二）科技与信息环境

现代科技的迅猛发展为大学生创新创业提供了前所未有的机会和工具。互联网的普及使得大学生能够轻松获取海量信息，为他们的创业项目奠定了坚实的知识基础。通过网络，他们可以迅速了解市场动态、行业趋势和竞争对手的情况，从而更准确地进行市场调研和产品定位。移动通信技术的发展进一步拓宽了他们的视野，使得他们能够随时随地与合作伙伴沟通、与客户互动，极大地提高了工作效率和响应速度。大数据和人工智能等前沿技术的应用，也为大学生创业者提供了强有力的支持。通过大数据分析，创业者能够更精准地掌握消费者的需求和行为习惯，从而制定更有效的市场策略。人工智能技术的普及则使得他们能够利用智能化工具来优化业务流程、提高产品质量。通过智能客服系统，他们可以更好地管理客户关系，提供个性化的服务体验。这些技术工具不仅提高了创业项目的运作效率，还为项目的创新性提供了广阔的空间。

通过这些平台，他们可以以较低的成本进行产品推广和品牌建设，从而扩大市场影响力。社交媒体的互动性还使得他们能够直接获取消费者的反馈，及时调整产品和营销策略。这种即时性和互动性的营销方式，不仅降低了传统市场进入的门槛，还使得创业者能够更灵活地应对市场变化，提升了项目的市场适应性和竞争力。通过各类在线平台，他们可以接触到全球范围内的资源和机会，如在线学习平台、创业孵化器网络、国际合作项目等。这些资源的获取，不仅拓宽了他们的创业视野，也为他们提供了更多的支持和帮助，使得他们能够在创业过程中更好地应对挑战。在线工具的使用还大大简化了项目管理和团队协作的流程，使得远程工作和跨地域合作成为可能，进一步增强了创业团队的灵活性和创新能力。

科技与信息环境的进步还促进了大学生创业项目的多元化发展。不同领域的创业者可以利用技术平台，将自己的创意和想法转化为实际的商业模式。无论是通过开发应用程序、创建在线服务平台，还是利用科技手段改善传统行业的服务和产品质量，这些技术工具都为大学生创业者提供了丰富的创新空间和发展机遇。这种多元化的发展趋势，不仅为他们的创业项目注入了新的活力，也为整个创新创业生态系统带来了积极的影响。

（三）金融支持环境

创业孵化器、天使投资人和创业基金等金融支持体系的逐步完善，正在为大学生创业者提供丰富的融资渠道。这些金融支持不仅为大学生创业项目的启动提供了必要的资金支持，也为他们的创新发展提供了强有力的后盾。大学生创业者能够在早期阶段获得急需的资金，从而加速项目的实施进程。这种早期资金的注入，不仅帮助他们渡过了创业初期的资金难关，也为项目的后续发展奠定了坚实的基础。金融支持环境的改善还为大学生创业者提供了广泛的资源对接和市场开拓机会。通过创业孵化器，创业者能够接触到更多的行业资源和合作伙伴，从而增强项目的市场竞争力。天使投资人和创业基金的介入，不仅为他们提供了资金支持，还带来了宝贵的行业经验和战略指导。这些资源的对接，不仅帮助大学生创业者更好地了解市场需求，还为他们的项目提供了更广阔的发展空间。在这种支持环境下，大学生创业者能够更好地把握市场机会，快速实现项目的落地和发展。

创业本身具有较高的风险性，尤其是对于缺乏经验和资源的大学生创业者来说，资金的缺乏往往是他们面临的最大挑战。通过创业基金和天使投资，大学生创业者能够在分担风险的同时，获得稳定的资金来源。这种风险分担机制，不仅降低了创业者的经济压力，也增强了他们对创业的信心，使得他们能够更加专注于项目的创新和发展。这种支持体系的建立，有效地推动了大学生创业项目的持续进步和壮大。金融支持体系的健全还促进了大学生创业项目的多样化发展。不同类型的创业项目可以通过不同的融资渠道获得支持，从而实现个性化的发展目标。科技型创业项目可以通过技术孵化器和科技基金获得技术研发资金，而文化创意类项目则可以通过文化产业基金和创意孵化器获得市场推广支持。这种多样化的金融支持，不仅丰富了大学生创业的选择，也为他们的创业项目提供了更多的发展可能性。

金融支持环境的改善还为大学生创业者提供了一个重要的学习平台。通过与投资人和孵化器的合作，大学生创业者能够在融资过程中学习到宝贵的商业知识和管理经验。金融支持体系的完善，使得大学生创业者能够在一个更加健康和稳定的环境中成长，逐步实现创业梦想。

（四）社会文化环境

近年来，创新创业的社会氛围日益浓厚，大学生创业逐渐成为社会关注的焦点之一。社会对大学生创业的认可度和支持度不断提升，这为他们的创业之路提供了更加宽松和积极的环境。企业和社会组织纷纷参与到支持大学生创业的行动中，为他们提供了丰富的实习、培训和合作机会。这些机会不仅为大学生提供了宝贵的实践经验，还为他们的创业项目注入了新的动力和资源，使得他们能够更好地将理论知识转化为实际应用。成功创业故事的传播不仅激发了更多年轻人的创业热情，也为社会树立了积极的创业榜样。这些案例展示了大学生通过创新和努力取得成功的可能性，增强了社会对大学生创业的信心。媒体的报道使得更多人认识到大学生创业的价值和潜力，从而在社会层面上形成了一种支持和鼓励创新创业的文化氛围。这种氛围的营造，为大学生创业者提供了更多的社会资源和人脉支持，推动了他们创业项目的顺利开展。

各地政府和社区纷纷推出鼓励大学生创业的政策，提供创业补贴、创业贷款和办公场地等支持措施。这些政策的实施，使得大学生创业者在创业初期能够获得实质性的帮助，减轻了他们的创业压力。社区层面上的支持，如创业论坛、创业沙龙等活动，也为大学生创业者提供了一个交流和合作的平台。这些活动不仅促进了创业者之间的经验分享，还帮助他们建立起广泛的创业网络，为未来的合作打下基础。越来越多的高校开始将创新创业教育纳入教学体系，通过课程设置、创业实践和导师辅导等方式培养学生的创业能力。这种教育与社会文化的结合，使得大学生在校期间就能够接触到创业的理念和实践，增强了他们的创业意识和能力。社会文化环境的支持，使得大学生创业不再是孤立的个体行为，而成为一种受到社会广泛关注和支持的集体行动。

社会文化环境的支持还帮助大学生创业者建立起一种积极进取的创业心态。在一个鼓励创新和创业的社会氛围中，大学生创业者能够更大胆地尝试和探索，不再害怕失败。这种心态的转变，使得他们能够在创业过程中更加自信和坚韧，从而在面对挑战时表现出更强的适应能力和解决问题的能力。社会文化环境的改善，不仅为大学生创业提供了外部支持，也在精神层面上增强了他们的内在动力，使得他们能够在创业道路上走得更加稳健和长远。

（五）市场竞争环境

在当今高度竞争的市场环境中，大学生创业者面临着严峻的挑战，尤其是在技术和产品创新领域。市场的开放性和全球化使得他们的创业项目不仅要应对国内的竞争压力，还要面对来自国际市场的强大对手。这种竞争环境要求大学生创业者必须具备更高的市场敏感度和应变能力。他们需要不断进行创新，提升产品和服务的质量，才能在激烈的市场竞争中找到自己的定位和生存空间。通过应对这种高压环境，大学生创业者逐渐学会如何在复杂多变的市场中寻找机会，并建立起自己的竞争优势。市场竞争的激烈程度也迫使大学生创业者在创业初期就要进行深入的市场调研和精准的市场定位。为了在市场中脱颖而出，他们必须了解目标客户的需求，分析竞争对手的优劣势，并据此制定相应的市场策略。这种严峻的市场形势，促使他们在创业过程中不断调整和优化自己的商业模式，以确保能够适应快速变化的市场环境。大学生创业者不仅需要具备创新的思维，还要有足够的耐心和韧性，才能在充满竞争的市场中稳步前行。

面对强大的竞争对手，大学生创业者需要迅速提升自己的管理和运营能力，以确保项目的顺利推进。市场竞争的残酷性使得他们必须不断学习和吸收新的知识，优化自己的业务流程，提高团队的执行力。这种压力在某种程度上成为一种动力，促使大学生创业者在实践中不断进步，逐渐成长为具备市场竞争力的创业者。这种成长过程不仅增强了他们的市场适应能力，也为他们未来的发展奠定了坚实的基础。在面对共同的市场压力时，不同的创业团队往往会选择合作而非单打独斗，通过资源整合和优势互补，共同提升市场竞争力。这种合作不仅体现在技术和产品的开发上，还涉及市场推广、客户服务等多个方面。通过合作，大学生创业者能够更好地利用有限的资源，实现项目的快速发展。这种合作模式在市场竞争环境中展现出强大的生命力，成为大学生创业者应对市场挑战的重要策略。

为了在市场中占据有利地位，他们必须不断寻找新的创意和解决方案，以满足不断变化的市场需求。这种创新不仅体现在产品和服务的更新上，还体现在商业模式的创新和市场拓展策略的多样化上。市场竞争的压力使得大学生创业者在创新方面投入更多的精力和资源，逐渐形成了自己的核心竞争力。这种创新能力的培养，不仅有助于提升创业项目的市场竞争力，也为整个市场带来了新的活力和发展动力。

二、大学生创新创业的支持政策

（一）创业资金支持政策

为了缓解大学生在创业初期面临的资金困难，政府和高校推出了一系列创业资金支持政策。这些政策包括提供创业补贴、创业贷款、天使投资和创业基金等多种形式，旨在为大学生创业者提供必要的资金支持。无息或低息贷款是常见的支持方式之一，通过这些贷款，大学生创业者可以在不承担过高财务压力的情况下启动他们的项目。这些贷款通常附带灵活的还款条件，使得创业者在初期阶段可以专注于项目的发展，而不必为资金问题过于担忧。政府和高校还通过设立创业启动资金补贴，进一步降低了大学生创业的门槛。这些补贴通常是一次性发放，用于帮助创业者支付初期的运营费用，如办公场所租金、设备采购和市场推广等。这种直接的资金支持，有助于大学生创业者在创业初期获得一定的资金保障，从而更好地应对创业过程中可能遇到的各种挑战。地方政府也积极响应，通过设立专项基金来支持具有创新潜力和市场前景的大学生创业项目。这些专项基金的设立，不仅为优秀的创业项目提供了资金支持，也为创业者注入了更多的信心。

除了政府和高校的直接资金支持，天使投资和创业基金也为大学生创业者提供了重要的融资渠道。天使投资人通常会在创业项目的早期阶段提供资金，并且往往会参与到项目的管理和战略规划中，帮助创业者优化项目的发展方向。创业基金则通过多轮次的资金投入，支持创业项目的持续发展。这些投资渠道的多样化，使得大学生创业者能够在不同的创业阶段获得相应的资金支持，从而实现项目的顺利推进。金融机构也参与到创业资金支持的体系中，通过提供针对大学生创业者的特定贷款产品，进一步扩大了他们的融资渠道。这些贷款产品通常具有较低的利率和灵活的还款方式，旨在减轻大学生创业者的财务负担。同时，一些金融机构还推出了针对创业者的信用担保服务，帮助那些缺乏抵押资产的创业者获得必要的贷款。这种金融支持的多样性，进一步丰富了大学生创业者的资金来源，助力他们在激烈的市场竞争中立足。

更为重要的是，这些资金支持政策不仅提供了必要的财务帮助，还为大学生创业者创造了一个更加良好的创业生态系统。通过资金的引导，政府和高校能够有效地激励大学生投身创新创业，推动整个社会的创业热情。这种政策支持的背后，是社会对创新创业的认可和鼓励，推动着更多的大学生敢于尝试、勇于创新，进而为社会经济的发展注入新的活力。

（二）税收优惠政策

为了缓解大学生创业初期的财务压力，政府积极推出了一系列税收优惠政策，以支持这些新兴企业的成长。这些政策旨在通过减免企业所得税和增值税，帮助大学生创业者在初期阶段减轻税负压力，从而释放更多的财务资源用于企业的发展和扩张。这些税收优惠措施对于初创企业尤为重要，因为在创业初期，企业往往面临较高的运营成本和较低的盈利能力。税收减免政策的实施，使得这些企业能够在更少的财务负担下运作，增加了企业的生存和发展机会。政府针对不同类型的大学生创业企业，制定了差异化的税收优惠政策。这些政策不仅包括普遍适用的企业所得税减免，还涵盖了特定行业的增值税优惠。对于那些从事科技创新、文化创意和环保等领域的大学生创业企业，政府通常会提供更为优惠的税收政策，以鼓励这些企业的发展。这种针对性的税收优惠，不仅帮助大学生创业者降低了运营成本，还推动了创新型产业的发展，符合国家鼓励高新技术和绿色经济的战略方向。

通过出台针对新成立的大学生创业企业的行政事业性收费减免政策，进一步降低了创业成本。这些政策包括减免企业注册费、工商登记费等各种行政费用，减少了大学生创业者在企业成立初期的资金支出。对于资源有限的大学生创业者来说，这些费用减免显得尤为重要，因为它们能够将节省下来的资金用于更为关键的业务发展上，如产品研发、市场推广和团队建设。这些地方性的政策措施，增强了大学生创业者的信心，使得他们在创业初期能够更加专注于业务发展，而不用为过多的行政成本所困扰。与此同时，政府还提供了延迟纳税的优惠政策，允许符合条件的大学生创业企业在一定期限内延缓缴纳部分税款。这种政策不仅缓解了企业的现金流压力，还给予创业者更多的时间和空间来调整经营策略，确保企业在市场竞争中立于不败之地。这种灵活的税收政策设计，体现了政府对大学生创业者的关怀和支持，为他们创造了更加宽松的创业环境。

更重要的是，这些税收优惠政策不仅减轻了企业的税负压力，还为他们的再投资和扩大经营提供了更多的财务资源。通过税收减免，企业能够将更多的利润重新投入业务扩展、技术升级和市场拓展中，从而实现企业的快速发展和壮大。税收优惠政策的实施，不仅直接惠及大学生创业企业，还通过激励再投资和扩大生产，促进了整个经济的增长和就业的增加。这些政策的长远影响，为大学生创业者创造了良好的发展环境，鼓励更多的年轻人投身创新创业，为社会带来更多的创新和活力。

（三）创业教育和培训政策

为了提升大学生的创业能力和实践经验，政府和高校联合推出了多种形式的创业教育和培训政策。高校通过开设创新创业课程，让学生在理论学习的基础上，深入了解创业的基本原理和操作流程。这些课程涵盖了市场调研、商业计划书撰写、财务管理、团队建设等方面的内容，使学生具备全面的创业知识基础。通过系统化的教育，学生能够更好地理解创业的复杂性，并为未来的创业实践打下坚实的理论基础。大学还通过组织创业大赛和创业实训营等实践活动，为学生提供了宝贵的实践机会。在创业大赛中，学生可以将自己的创业想法转化为实际的商业计划，并在竞争中锻炼自己的创业能力。创业实训营则通过模拟真实的创业环境，让学生在实践中体验创业的全过程。这种"学中做、做中学"的模式，不仅帮助学生积累了实践经验，也培养了他们的团队合作和解决问题的能力。这些实践活动激发了学生的创业热情，使他们更加积极地投身于创业事业中。

政府也在大力支持创业教育和培训，设立了创业指导服务中心，为大学生提供全面的创业支持。这些服务中心通过提供创业政策咨询、项目评估和市场分析等服务，帮助学生更好地规划和实施创业项目。创业指导服务中心还定期举办创业讲座和工作坊，邀请成功的创业者和行业专家分享经验和见解。这种近距离的指导和交流，为学生提供了现实的创业参考，使他们在面对创业挑战时能够更加从容和自信。政府还通过创业教育和培训政策，推动高校与企业之间的合作，让学生在实际的企业环境中学习和成长。许多高校与知名企业合作，开设创业实习项目，让学生能够在真实的商业环境中锻炼自己。这种校企合作的模式，不仅为学生提供了丰富的实践机会，也为企业输送了新鲜的创业力量。同时，企业也通过这种合作，获得了直接参与人才培养的机会，使得学生的学习内容更加贴近市场需求。这种双赢的局面，有效地提升了大学生的创业能力和就业竞争力。通过系统的培训和实战演练，学生们逐渐建立起对创业的信心，学会如何在面对不确定性时保持积极的心态。这种心理上的准备，使得他们在创业过程中能够更好地应对挫折和挑战，不轻易放弃，持续推动自己的创业项目走向成功。

（四）创业孵化器和园区政策

为了给大学生创业者提供更有利的发展平台，政府和高校积极推进创业孵化器和创业园区的建设。这些孵化器和园区为大学生创业者提供了一个集办公场所、基础设施、技术支持和创业指导于一体的综合性服务平台。通过在孵化器和园区内创业，大学生创业者能够在初期阶段获得所需的资源支持，从而大大降低了创业成本和风险。这样的创业环境使得他们可以专注于项目的研发和市场拓展，而无需担心基础设施和运营支持等问题。与此同时，创业孵化器和园区还为大学生创业者提供了丰富的资源共享和合作交流机会。在这些平台上，不同创业项目的团队可以相互学习和借鉴，分享成功经验和失败教训。这种资源共享和合作交流的氛围，有助于大学生创业者开阔视野，拓展思路，找到更具创新性的解决方案。通过与其他创业团队的合作，大学生创业者还能够拓展商业网络，获得更多的商业机会。这种互利共赢的合作模式，为大学生创业项目的成长和壮大提供了广阔的空间。

政府和高校通过聘请经验丰富的创业导师和行业专家，为入驻的大学生创业者提供一对一的辅导和培训。这些导师不仅在创业方向上给予指导，还在财务管理、市场营销、法律事务等方面提供专业建议，帮助大学生创业者解决实际问题。通过这样的指导和培训，大学生创业者能够更好地规避创业中的潜在风险，提高创业项目的成功率。这种全方位的支持，使得创业孵化器和园区成为大学生创业的坚实后盾。政府和高校通过这些孵化器和园区政策，为大学生创业者打造了一个良好的创业生态系统。在这个系统中，各类资源和服务紧密结合，形成了一个支持大学生创业的综合性平台。这种系统化的支持，不仅帮助大学生创业者在创业初期渡过难关，还为他们的长期发展奠定了基础。孵化器和园区内的良性竞争与合作，使得大学生创业者能够在实际运营中不断学习和成长，逐步形成自己的竞争优势。

政府还通过政策扶持，加大对创业孵化器和园区的投入，确保这些平台能够持续为大学生创业者提供优质的服务。高校也通过加强与企业的合作，将更多的行业资源引入到孵化器和园区中，为大学生创业者提供更为丰富的实践机会和市场资源。这种多方联动的支持机制，为大学生创业者创造了一个健康、活跃的创业生态环境，使他们能够在创业道路上走得更加顺利和长远。

（五）知识产权保护政策

为了有效保护大学生创业者的创新成果，政府不断加强知识产权保护力度。通过优化知识产权申请和审查流程，政府缩短了申请周期，使得大学生创业者能够更快速地获得专利、商标等知识产权。这种政策的实施，不仅为创业者的创新成果提供了及时的法律保护，还提升了他们在市场中的竞争力。快速获得知识产权的保障，使得大学生创业者在面对市场竞争时，能够更加自信地展示和推广他们的产品和服务。政府还为大学生创业者提供了知识产权法律援助和维权服务。这些服务包括知识产权的法律咨询、维权指导，以及在发生侵权纠纷时提供的法律支持。通过这些援助措施，大学生创业者能够在知识产权纠纷中得到及时的法律帮助，有效维护自己的合法权益。这种全方位的法律支持，不仅增强了大学生的创新动力，也为他们的创业活动提供了更加稳固的法律基础。知识产权法律援助的普及，使得大学生创业者在面对复杂的市场环境时，能够更好地应对挑战和风险。

政府还通过开展知识产权宣传教育，提升大学生对知识产权的认知和重视。高校也积极配合政府的政策，通过开设相关课程和举办知识产权讲座，让学生了解知识产权的重要性和申请流程。这种教育和宣传活动，不仅帮助学生掌握了必要的知识产权保护技能，还培养了他们的创新意识和法律意识。在这种环境下，大学生创业者更加重视保护自己的创新成果，主动申请专利和商标，避免了潜在的法律风险。知识产权保护政策的实施，还推动了大学生创业项目的可持续发展。

通过获得知识产权保护，大学生创业者能够有效防止其创新成果被模仿或盗用，从而确保了他们在市场中的独特性和竞争优势。这种独特性使得他们的产品和服务在市场上具有更高的认可度和市场价值，有助于吸引更多的投资和合作机会。知识产权的保护不仅为创业者带来了直接的经济利益，也为他们的创业项目提供了长远的发展保障。

知识产权保护政策的加强，为大学生创业创造了一个更加公平和透明的市场环境。这种安全感和信任感，极大地激发了他们的创新热情，推动了更多具有创意和市场潜力的项目涌现出来。通过知识产权保护，政府有效地促进了创新创业的良性循环，为社会带来了持续的创新动力和经济增长。

（六）市场准入和支持政策

为了帮助大学生创业者更顺利地进入市场，政府积极推出了一系列市场准入和支持政策。针对大学生创业企业，政府简化了市场准入程序。这些措施包括减少行政审批环节、优化审批流程，以及大幅缩短企业注册时间。通过这种简化程序，大学生创业者能够更加迅速地将他们的创意和项目推向市场，而无需在烦琐的手续中耗费过多时间和精力。政策的实施显著降低了创业的门槛，使得更多的年轻人敢于尝试创业，并能够更快地进入市场，开展实际运营。同时，政府还积极提供了多种市场推广和营销支持政策，以帮助大学生创业者拓展市场。通过鼓励参与政府采购，政府为大学生创业企业创造了一个稳定的市场需求来源。政府采购的引入不仅为这些初创企业提供了可靠的销售渠道，还增强了它们在市场中的信誉和知名度。政府还提供市场推广补贴，支持大学生创业者在市场推广、品牌建设和客户拓展等方面进行投资。这种经济支持使得他们能够在激烈的市场竞争中更好地宣传和推广自己的产品和服务，提升市场占有率。

政府还通过政策引导，帮助大学生创业者与大企业和社会组织建立合作关系。这种合作不仅可以通过供应链、分销渠道等方面的合作，帮助初创企业迅速扩大市场影响力，还可以通过技术合作和产品联合开发，提升他们的技术实力和创新能力。通过这种政策支持，大学生创业者能够获得更多的资源和市场机会，从而更好地实现商业目标。政策的实施不仅帮助大学生创业者打开了市场，也为他们提供了持续发展的动力。政府还注重为大学生创业者提供市场准入后的跟踪支持服务。这些服务包括市场分析、消费者调研、法律咨询等，帮助大学生创业者更好地理解市场需求，调整经营策略。这种跟踪支持为创业者提供了及时的市场反馈和指导，使他们能够在市场变化中保持敏感和应变能力。通过持续的政策支持，政府确保大学生创业企业不仅能够成功进入市场，还能够在市场中立足并持续发展。

市场准入和支持政策的实施，不仅为大学生创业者提供了进入市场的通道，还为他们营造了一个更加公平和开放的市场环境。大学生创业者能够更好地展示他们的创新成果，并获得更多的市场认可。政策的实施不仅激发了大学生的创业热情，也推动了市场的活力和创新，促进了整个经济的健康发展。

第四节　大学生创新创业法律风险认知

一、知识产权风险

大学生创业者在创新过程中，面临着知识产权保护的挑战。由于对知识产权相关法律法规的认知不足，许多大学生创业者可能忽视了申请专利、商标注册等必要的法律程序，导致创新成果被他人盗用或模仿。他们也可能在开发产品或服务时无意中侵犯他人的知识产权，从而面临法律诉讼的风险。了解并遵守知识产权法，采取措施保护自己的创新成果，能够有效规避此类风险。

二、合同风险

大学生创业者会涉及大量的合同签订和履行。很多创业者在合同的起草和审查上可能不够严谨，容易出现合同条款不明确、责任划分不清等问题。这些合同风险可能导致商业纠纷，甚至造成严重的经济损失。为了规避合同风险，大学生创业者应当增强法律意识，必要时寻求专业法律顾问的帮助，确保合同条款的合法性和可执行性。

三、劳动关系风险

大学生创业者在组建团队和招聘员工时，需处理好劳动关系相关的法律问题。由于对劳动法的了解不够深入，他们可能忽视了劳动合同的签订、社保缴纳等重要事项，导致与员工之间产生法律纠纷。建立规范的劳动关系管理制度，确保劳动合同的合法性和完整性，可以有效降低劳动争议的风险。

四、融资与股权分配风险

融资和股权分配是创业过程中的关键环节，但也是法律风险集中的领域。大学生创业者在与投资人进行股权谈判时，可能由于对公司法、股权结构等法律问题认识不清，导致股权分配不合理，甚至引发公司控制权的纠纷。融资过程中的信息披露不当，也可能引发法律问题。创业者应当充分了解相关法律法规，谨慎处理股权和融资问题，以防止不必要的法律风险。

五、市场准入和合规风险

在进入市场并开展业务时，大学生创业者必须遵守相关的行业法规和市场准入要求。由于对行业法律法规的了解有限，他们可能忽视了必要的行政许可或资质认证，从而面临行政处罚或市场禁入的风险。为了避免此类风险，创业者应当在进入市场前充分了解行业的法律要求，并确保业务运营的合法性和合规性。

六、数据保护和隐私风险

随着互联网技术的广泛应用，大学生创业者在业务运营中会收集和处理大量用户数据。由于对数据保护法律法规的认知不足，他们可能在数据使用和存储上出现违规行为，导致用户隐私泄露或遭受处罚。遵守数据保护和隐私法规，建立健全的数据管理制度，能够有效降低数据泄露和隐私侵权的风险。

第二章 大学生创新创业法律基础

第一节 大学生创新创业法律框架概述

一、大学生创新创业法律框架建设的意义

(一) 保障创业者权益

大学生创业者往往会面临知识产权保护、合同纠纷和劳动争议等各类法律问题。由于他们的创业经验较为有限,对法律法规的认知不足,容易在处理这些问题时遇到困境。一个健全的法律框架能够为大学生创业者提供明确的法律指引,使他们在面临法律挑战时有章可循。通过法律框架的保护,创业者可以更加自信地维护自身权益,从而有效降低创业过程中的法律风险。许多大学生创业项目依赖于原创的技术、设计或品牌,如果没有得到充分的法律保护,这些创新成果可能会被竞争对手侵权或盗用。完善的法律框架可以帮助创业者及时申请专利、商标和版权,从而确保他们的创新成果得到法律认可和保护。这样不仅可以防止他人的侵权行为,还能增强创业者在市场中的竞争力,为他们的商业活动提供有力的保障。

在与合作伙伴、供应商或客户签订合同时,由于缺乏法律知识,他们可能忽视合同条款的细节或没有意识到潜在的法律风险。这种疏忽可能会导致合同履行中的纠纷,甚至造成经济损失。健全的法律框架可以帮助创业者了解合同法的基本原则,指导他们在签订合同时注意法律细节,并在发生争议时依法维护自己的

合法权益。通过这种方式，创业者可以更好地管理商业合作，减少合同纠纷的发生。法律框架的建立可以为他们提供必要的法律支持，帮助他们了解如何合法地管理劳动关系，从而避免劳动争议的发生。这不仅可以保护创业者的利益，也有助于维护员工的合法权益，促进企业内部的和谐稳定。

完善的法律框架还可以在创业者与政府和社会之间建立起信任的桥梁。通过法律的支持，政府能够为创业者提供更加公开、公平的创业环境，而创业者则能够在法律的保障下更为放心地开展业务活动。这种信任关系的建立，不仅有助于增强创业者的信心，也为社会的创新创业氛围注入了积极的力量。法律框架的完善，使得大学生创业者能够在一个更加稳定和可预期的环境中发展，有效提升创业成功的可能性。

（二）规范创业行为

在创业初期，大学生创业者由于缺乏经验和法律知识，可能难以明确哪些行为符合法律规定，哪些行为可能存在法律风险。通过建立健全的法律框架，政府和社会能够为创业者提供清晰的法律指引，使他们在创业过程中能够遵循法律规定。这种法律指引不仅能够帮助创业者在法律范围内开展业务活动，还能有效降低因法律不合规而导致的风险和损失。法律框架的建设还能够帮助创业者形成良好的商业道德和法律意识。在一个明确的法律环境下，创业者可以清楚地认识到不当行为的法律后果，从而更加谨慎地处理商业事务。这样的环境促使创业者在追求商业成功的同时，遵循法律和道德规范，避免采用非法或不道德的手段。法律框架不仅规范了创业者的行为，还为整个社会树立了良好的商业规范和诚信标准。

大学生创业者可能会遇到诸如知识产权、合同履行、消费者权益保护等复杂问题。如果没有法律框架的约束，他们可能会在无意间违反相关法律规定，导致法律纠纷或面临行政处罚。通过法律框架的建立，创业者能够预先了解哪些行为可能引发法律风险，并采取相应的措施进行规避，从而减少违法行为的发生。这不仅保护了创业者自身的利益，也维护了市场的公平性和稳定性。在一个规范的法律环境中，所有市场主体都需要遵循相同的法律规则，这有助于消除不公平竞争和市场垄断等问题。大学生创业者在这样的市场环境中，能够通过合法的方式进行创新和竞争，从而实现可持续发展。法律框架的规范作用，不仅有助于维护市场秩序，还为创业者创造了一个公平的竞争环境，使他们能够在法律保护下公平竞争，充分发挥自己的创新能力和创业热情。

法律框架的建设还能够增强社会对大学生创业者的信任度。在一个法律规范清晰的环境中，创业者的行为更加透明，社会公众、投资者和合作伙伴对他们的信任度也会相应提高。这种信任关系有助于大学生创业者在市场中获得更多的资源和支持，推动他们的项目更快、更稳地发展。通过法律框架的建设，大学生创业者不仅能够规范自己的行为，还能够赢得更多社会的认可和支持，进一步提升创业成功的概率。

（三）促进公平竞争

健全的法律框架是保障大学生创业者能够在公平竞争的市场环境中发展的关键因素。在市场秩序不完善或法律缺失的情况下，不正当竞争行为如垄断、欺诈、虚假宣传等问题容易滋生，严重影响了市场的健康运行。这种环境不仅对守法经营的创业者不公平，也扼杀了新兴企业的创新动力。通过建设健全的法律框架，政府可以有效地监管市场，防止这些不正当竞争行为的发生，从而为大学生创业者提供平等的竞争机会。在一个法制健全的环境下，所有的市场参与者都必须遵循相同的法律规则，这不仅保护了合法经营的创业者，也杜绝了投机取巧和以不正当手段获取市场优势的行为。大学生创业者在这样的环境中，能够安心地进行产品开发和业务拓展，而不必担心遭受来自不公平竞争的冲击。这样的市场环境，有助于激发创业者的创新积极性，使他们能够在合法合规的基础上，充分发挥自己的潜力。

当市场规则不明确或监管不力时，创业者往往会对市场的公正性产生怀疑，导致他们在投入资源和精力时变得更加谨慎。相反，在一个法律保障完善的市场中，创业者能够预见到自己的权益会得到保护，从而更加大胆地进行创新和投资。通过法律框架的保障，创业者能够将更多的精力集中在创新和业务发展上，而不是应对市场上的不公平竞争和潜在的法律风险。同时，法律框架也为政府的市场监管提供了有力的工具。通过法律手段，政府可以对市场中的不正当竞争行为进行有效打击，确保市场环境的公正性和透明性。通过反垄断法、反不正当竞争法等法律法规，政府可以制裁那些试图通过垄断市场或欺诈手段谋取利益的企业，为守法经营的创业者创造一个更加公平的市场环境。大学生创业者能够依靠自己的实力和创新能力，在市场中公平竞争，获得应有的市场份额。

法律框架的建设不仅有助于维护市场秩序，还能引导市场走向更加良性的发展轨道。在一个公平竞争的市场环境中，企业之间的竞争主要体现在创新能力、服务质量和市场反应速度上，而不是通过不正当手段压制竞争对手。这种竞争环境鼓励企业不断提升自己的竞争力，从而推动整个行业的进步和社会经济的发展。对于大学生创业者来说，这样的市场环境不仅提供了广阔的发展空间，也激励他们不断追求卓越，推动创新创业的可持续发展。

（四）增强创业信心

大学生创业者往往会面临诸多不确定性，诸如市场风险、竞争压力和法律合规性等问题。这些不确定性可能会对他们的创业信心产生负面影响。政府和相关机构为创业者提供了明确的操作指南和法律保障，使得他们在面对这些挑战时能够更加从容和有序。这种法律上的支持，让大学生创业者在创业过程中感受到来自社会的保护和认可，进而增强他们的创业信心。法律框架的健全使创业者能够更加专注于创新和市场开拓，而不必过分担心可能面临的法律问题。在一个完善的法律体系中，创业者清楚地知道自己的权利和义务，了解如何合法合规地开展业务活动。这种清晰的法律环境为他们的商业决策提供了有利的参考，使得他们能够在法律的保护下大胆创新、开拓市场，而不必担心因为法律不合规而导致创业失败。法律框架的保障，实际上为创业者提供了一个安全的创业环境，使得他们能够将更多的精力投入企业的核心业务上。

法律框架的建设还能够帮助创业者建立起对外部环境的信任。大学生创业者需要与投资人、合作伙伴、客户等多方进行互动和合作。一个健全的法律体系不仅保护了创业者的合法权益，也为他们与外界建立信任提供了基础。通过法律的保障，创业者可以更加自信地与外部资源进行对接，促成更多的商业合作。这种信任感的建立，不仅提升了创业者的信心，也为他们的创业项目打开了更多的机会和市场空间。同时，法律框架为创业者提供了清晰的法律救济途径，使他们在遇到法律纠纷或商业争端时，能够有效地保护自己的权益。对于许多大学生创业者来说，创业经验的不足和对法律的陌生，可能会使他们在遇到问题时感到无所适从。法律框架的建设为他们提供了明确的维权途径，使得他们在面对纠纷时不再孤立无援。这种法律救济机制的存在，使创业者能够更加坚定地推进自己的项目，而不必因为可能的法律问题而畏首畏尾。

法律框架的建设为整个社会营造了一个鼓励创新和创业的环境。在一个法律保障健全的社会中，创新创业不再是一种冒险，而是一种受到法律保护和社会认可的行为。政府通过法律框架向创业者传递了明确的信息：创新创业是值得鼓励的，创业者的合法权益将会得到法律的支持和保障。这种社会氛围的营造，极大地提升了大学生创业者的信心，使得他们能够更加积极和主动地投身于创新创业的浪潮中。

（五）吸引投资与合作

投资者在考虑是否参与一个创业项目时，通常会首先评估项目的法律风险。如果一个创业项目在法律框架内运作，拥有清晰的产权、合法的合同管理和健全的公司治理结构，投资者会更加愿意投入资金。法律框架的健全为投资者提供了安全保障，使他们能够放心地进行投资，因为他们知道，如果出现法律问题，创业项目有能力依法处理。这种法律上的保护减少了投资者的顾虑，降低了他们的投资风险，进而提升了项目的吸引力。合作伙伴在选择与创业者合作时，不仅考虑商业利益，还会评估合作的合法性和安全性。如果创业项目有完善的法律保障，合作伙伴会更有信心进行资源共享和战略合作。法律框架的健全意味着创业者在合同签订、知识产权保护、商业行为等方面都能够合法合规地操作，降低了合作过程中出现纠纷的风险。这种法律上的保障，使得合作伙伴能够在一个受法律保护的环境中开展业务合作，从而促进了商业合作的顺利进行和长期稳定。

完善的法律框架不仅提升了创业项目对外部资源的吸引力，也为创业者内部管理和企业发展提供了有力支持。通过法律框架的约束，创业者能够建立起规范的公司治理结构，明确股权分配和利益分配的法律依据。这种法律上的规范管理，不仅有助于吸引更多的外部投资，也为企业的持续发展奠定了坚实基础。投资者和合作伙伴看到项目在法律框架内有序运营，会更愿意参与其中，因为他们能够预见到项目的稳定性和发展潜力。创业者可以更加自信地与潜在的投资者和合作伙伴进行谈判，展示项目的法律合规性和商业可行性。法律框架不仅是对创业者的一种约束，更是他们在市场中获取信任和支持的重要工具。有了法律的支撑，创业者能够更加有效地整合资源，推进项目的各项业务。

法律框架的完善还为创业者在全球范围内拓展合作和投资提供了条件。在全球化的背景下，跨国投资和合作变得越来越普遍。外国投资者和国际合作伙伴在进入一个新的市场时，通常会优先选择那些法律体系健全、法律保护完善的项目。这种国际化的法律保障，使得大学生创业者不仅能够在国内市场吸引投资和合作，还能在全球范围内拓展业务。通过法律框架的国际化对接，创业者能够更加顺利地进入国际市场，获得更多的发展机会。

二、大学生创新创业法律框架的建设方法

（一）完善相关法律法规

政府应当根据大学生创业的特殊需求和特点，制定和修订适合他们的法律法规。这些法规不仅要涵盖知识产权保护、合同管理、劳动关系等传统法律领域，还应关注创业者在融资管理、税收优惠和市场准入等方面的实际需求。通过制定全面且明确的法律法规，政府能够为大学生创业者提供清晰的法律指引，使他们在创业过程中能够依法合规地开展业务活动。这种法律保障不仅帮助创业者避免了潜在的法律风险，也为他们的创业活动提供了坚实的法律基础。许多大学生创业项目依赖于原创的技术、产品设计或品牌，如果没有完善的知识产权法律保护，

这些创新成果可能会面临被盗用或侵权的风险。因此，政府应当进一步加强知识产权法律法规的建设，简化知识产权申请程序，缩短审核周期，并加大对知识产权侵权行为的打击力度。这种对知识产权的保护，不仅能够有效维护创业者的合法权益，还能激发他们的创新热情，推动更多具有市场潜力的创新项目涌现出来。

由于缺乏经验和法律知识，大学生创业者在签订和履行合同时可能会忽视合同条款的细节，导致合同纠纷的发生。为了防范这种风险，政府应当制定详细的合同法律规范，帮助创业者在合同管理中遵循合法合规的操作流程。通过法律法规的指引，创业者能够更加谨慎地处理合同事务，确保合同的合法性和可执行性，从而有效避免合同纠纷对创业项目带来的负面影响。创业初期，创业者往往对劳动法的理解不够深入，可能在员工招聘、合同签订、薪资福利等方面出现法律漏洞，导致劳动争议的发生。为了帮助创业者更好地管理劳动关系，政府应当制定和完善劳动法律法规，明确创业者和员工的权利和义务。通过这种法律保障，创业者能够依法建立和维护劳动关系，减少因劳动纠纷带来的法律风险，维护企业内部的和谐稳定。

创业初期，资金短缺是普遍存在的问题，而融资过程中可能涉及复杂的法律问题，如股权结构、投资协议、融资合同等。为了帮助创业者顺利获取融资，政府应当制定相关的法律法规，规范融资过程中的各个环节，保护创业者的合法权益。通过完善的法律体系，创业者能够更加规范和合法地进行融资活动，确保资金的有效使用和项目的稳健发展。

（二）建立专门的法律服务平台

为了帮助大学生创业者更好地理解和运用法律，建立专门的法律服务平台显得尤为重要。通过这样的平台，大学生创业者可以方便地获取全面的法律支持，包括法律咨询、合同审查、知识产权申请、纠纷调解等服务。服务提供不仅能够帮助创业者在创业过程中有效规避法律风险，还能为他们提供专业的法律指导，使其在遇到法律问题时能够迅速得到帮助。这种支持对那些缺乏法律知识和经验的大学生创业者来说，尤为关键。这些法律服务平台还可以组织各类法律讲座和培训，提高大学生创业者对法律的认识和理解。这种法律意识的提升，不仅有助于他们在创业过程中做出更为明智的决策，还能有效减少因法律误解而导致的纠纷和问题。法律讲座和培训的常态化，能够为创业者提供持续的法律学习机会，帮助他们在创业过程中不断完善自己的法律知识体系。

法律服务平台还可以充当创业者与法律专业人士之间的桥梁。平台可以邀请律师、法律学者和行业专家，为创业者提供一对一的法律咨询服务，帮助他们解决具体的法律问题。这种个性化的服务，不仅能够为创业者提供更加精准的法律建议，还能增强他们对法律问题的应对能力。许多法律问题往往是复杂而专业的，通过法律服务平台的支持，创业者可以更好地理解和处理这些问题，减少因法律问题导致的创业失败风险。同时，法律服务平台还可以提供纠纷调解服务，帮助大学生创业者在遇到商业纠纷时，能够通过非诉讼的方式快速解决问题。这种调解服务，不仅能够节省创业者的时间和成本，还能够帮助他们维护商业关系，减少纠纷对企业声誉和业务发展的负面影响。通过这种平台化的调解服务，创业者能够在一个中立和公正的环境中解决争端，从而在法律保护下继续推进他们的创业项目。

法律服务平台的建立还可以帮助创业者处理复杂的知识产权问题。对于依赖创新和技术的大学生创业项目来说，知识产权的保护至关重要。通过平台的支持，创业者可以得到专业的知识产权申请指导，确保他们的创新成果能够得到及时和有效保护。平台还可以提供知识产权维权服务，帮助创业者在遭遇侵权行为时，能够依法维护自己的合法权益。这种知识产权保护服务，为大学生创业者的创新活动提供了有力的法律保障，激发了他们的创新动力。

（三）加强创业教育中的法律课程

高校在创业教育中增加法律课程内容，如创业法、知识产权法和合同法等，能够帮助学生在创业初期就具备必要的法律知识。这种法律课程的设置不仅为学生提供了理论上的法律基础，还为他们在实际创业中遇到法律问题时提供了实践指导。大学生能够更好地理解创业过程中可能涉及的法律风险，从而在决策和操作时更加谨慎和理性。对于初次创业的大学生而言，法律知识的缺乏可能导致他们在创业过程中忽视一些关键的法律问题，从而埋下隐患。通过学习创业法、合同法等课程，学生能够了解法律在商业活动中的重要性，并认识到合规经营的必要性。法律意识的提升使他们在创业过程中更加注重合同的签订、知识产权的保护和劳动关系的管理，从而有效避免因法律疏忽而导致的纠纷和问题。

在创业教育中加入法律课程，还能帮助学生在实际创业中更加从容应对法律问题。创业过程中的法律挑战可能来自多个方面，如合同纠纷、知识产权争议、融资法律风险等。通过法律课程的学习，学生可以提前了解这些问题的基本法律框架和应对策略，从而在实际操作中更加游刃有余。这种法律知识的储备，使得学生在面对复杂的商业环境时，能够迅速判断和处理法律事务。在许多创业项目中，创新是企业的核心竞争力，而法律课程中涉及的知识产权保护法则能够帮助学生学会如何有效保护自己的创新成果。通过学习知识产权法，学生可以了解专利、商标、版权等法律工具的使用方法，从而在创业过程中及时申请和保护自己的知识产权。这不仅增强了学生的法律素养，也为他们的创新创业活动提供了强有力的法律支持。

法律课程的设置能够为学生提供一个全方位的创业教育体系。创业教育不仅仅是关于如何构建商业模式或管理企业，更包括如何在法律框架内合法合规地进行商业操作。学生能够将法律知识与商业实践相结合，形成系统的法律思维。这种系统化的教育，有助于培养学生在创业过程中的全局观和预见性，使他们能够在日益复杂的商业环境中保持法律合规性，确保企业的长期稳定发展。

（四）推动校企合作法律支持机制

鼓励高校与法律事务所、企业法律部门等机构合作，建立法律支持机制，对于大学生创业者而言是至关重要的。这种合作模式不仅能够为学生提供专业化的法律服务，还能使他们在创业过程中获得实际操作中的法律指导。通过这种校企合作，大学生创业者可以更好地了解法律在商业活动中的应用，避免因法律问题而导致的创业失败。这种合作机制的建立，能够为创业者提供个性化的法律咨询和援助，帮助他们在创业初期就能够合法合规地运营企业。校企合作的法律支持机制还可以为大学生创业者提供定制化的法律培训。这些培训课程不仅涵盖了创业过程中常见的法律问题，如合同管理、知识产权保护、劳动法等，还能够根据创业者的实际需求，提供更加深入的法律知识。这种有针对性的法律培训，能够帮助学生更好地理解复杂的法律条款和程序，提升他们在处理法律事务时的自信心和能力。通过与法律专业人士的直接交流，创业者能够获得更加实用的法律知识，这对于他们在创业过程中规避法律风险至关重要。

校企合作的法律支持机制还可以为大学生创业者提供法律援助，帮助他们在面对法律纠纷时，能够及时得到专业的法律支持。创业初期，创业者往往面临资金紧张、人手不足的问题，而法律纠纷可能会进一步加剧他们的困境。通过这种法律支持机制，创业者可以在遇到法律问题时，迅速寻求帮助，避免法律纠纷对企业运营产生重大影响。这种法律援助不仅为创业者提供了应对法律问题的有效工具，也为他们的企业发展提供了法律保障。同时，校企合作的法律支持机制还能够帮助创业者接触到行业专家，获取最前沿的法律信息和指导。法律事务所和企业法律部门的专家们不仅了解最新的法律法规，还具备丰富的实战经验，能够为创业者提供具体操作中的建议和指导。这种专家指导，使得大学生创业者能够在法律问题上更加专业和精准地处理，避免因法律知识不足而导致的失误。这种直接与法律专家合作的机会，不仅增强了创业者的法律能力，还为他们提供了一个学习和成长的平台。

推动校企合作的法律支持机制，有助于高校在创业教育中融入更多的实践元素，使得法律教育不再局限于课堂理论，而是能够与实际创业相结合。通过与法律事务所和企业法律部门的合作，高校可以将理论与实践有机结合，帮助学生在创业过程中更好地理解和运用法律知识。这种实践性的法律支持，不仅提升了学生的法律素养，还为他们的创业项目提供了实际的法律保障。

（五）制定风险预警和纠纷解决机制

在法律框架建设中，制定风险预警和纠纷解决机制的建立，可以帮助大学生创业者在创业过程中及时识别潜在的法律风险，并采取有效措施进行预防。通过法律援助中心或法律服务平台，这些风险预警机制能够为创业者提供实时的法律风险评估和预警服务。创业者可以根据这些预警信息，避免因忽视法律风险而导致的严重后果。这种机制的存在，使得创业者能够在复杂多变的市场环境中保持警觉，减少法律纠纷的发生。法律纠纷往往不可避免，但通过有效的纠纷解决机制，创业者可以将纠纷对项目的负面影响降到最低。这些机制应当包括多种解决途径，如调解、仲裁和诉讼等。调解机制可以帮助双方通过协商解决争端，避免诉讼带来的高昂成本和时间消耗。仲裁机制则提供了一个相对灵活且具有法律效力的纠纷解决途径，能够在更短的时间内解决争议。而诉讼作为最后的手段，为那些调解和仲裁未能解决的问题提供了一个最终解决的途径。这种多层次的纠纷解决机制，为创业者提供了多种选择，确保他们能够在法律保护下有效处理纠纷。

风险预警和纠纷解决机制的有效运作，还依赖于信息的透明和及时传递。法律援助中心或服务平台应当建立完善的信息通报系统，使创业者能够随时获取与自身项目相关的法律动态和风险提示。这种信息的及时性和准确性，能够帮助创业者在问题萌芽阶段就采取措施加以解决，避免问题进一步恶化。通过这种信息共享和预警系统，创业者能够在复杂的商业环境中更加从容应对，减少因信息不对称导致的法律风险。同时，风险预警和纠纷解决机制的建立，还需要强大的法律支持和资源保障。法律援助中心和服务平台应当配备经验丰富的法律专家和顾问团队，为创业者提供专业的法律咨询和指导。通过这些法律专家的帮助，创业者能够更加准确地识别法律风险，并获得有效的应对方案。这种资源保障不仅增强了风险预警和纠纷解决机制的实效性，也为创业者提供了持续的法律支持，使其在创业过程中始终能够依靠专业的法律力量。这些机制的存在，不仅能够帮助创业者应对当前的法律问题，还为他们提供了一个学习和提升法律素养的平台。在实际运作中，创业者通过参与风险评估和纠纷处理，能够逐步提高自身的法律意识和应对能力。这种法律素养的提升，对于他们未来的创业活动将产生深远的影响，使他们能够在法律的框架内更加稳健地发展业务。

第二节　大学生创新创业知识产权保护

一、大学生创新创业知识产权保护的内容

（一）专利保护

通过专利申请，创业者可以获得在一定时期内对其创新技术的独占权，这不仅能够有效阻止他人在未授权的情况下使用其技术，还能赋予创业者在市场竞争中独特的优势。专利保护不仅保护了创新者的合法权益，还在很大程度上防止了市场中的不正当竞争行为的发生。创业者的技术创新往往是其最核心的竞争力，专利的获取和维护能够为其创新项目提供坚实的法律基础。这种法律保障，使得创业者能够更加专注于技术研发和市场开拓，而不必过多担心竞争对手的抄袭或模仿。通过专利保护，创业者可以在市场中树立独特的技术形象，增强其产品或服务的市场竞争力。这种法律上的独占权利，使得创业者能够在一定时间内获得市场的垄断地位，从而获取更高的商业回报。

投资者和合作伙伴往往更倾向于投资和合作具有明确专利保护的项目，因为这意味着项目的技术风险较低，具有较高的市场潜力和稳定性。专利不仅是技术创新的法律保护手段，更是创业者与外部资源对接的桥梁。通过专利，创业者能够以更加坚实的法律基础，与投资者展开谈判，吸引更多的资金和资源支持。这种知识产权的法律保障，使得创业者在商业合作中具有更强的谈判能力和市场话语权。通过专利许可、转让等方式，创业者可以将其技术创新转化为实际的商业收益。这不仅为创业项目提供了多样化的收入来源，还促进了创新成果在更大范围内的应用和推广。专利保护所带来的市场独占性和法律保障，使得创业者能够更加灵活地运作其技术创新，拓展商业机会，实现企业的可持续发展。

专利保护对于创业者而言，不仅是对技术创新的直接保护，也是对其创新精神和努力的认可。在一个以创新为驱动的市场环境中，专利不仅代表着技术实力，也象征着企业的创新能力和市场价值。通过专利的获取和保护，创业者能够在市场中建立起独特的竞争优势，并在激烈的市场竞争中脱颖而出。这种法律上的认可和保护，激励着更多的大学生投入创新创业的行列中，推动社会的技术进步和经济发展。

（二）商标保护

商标不仅是一个企业的标识，它代表着企业的信誉、产品质量和市场形象。

通过商标注册，创业者可以确保其品牌名称、标识和标志受到法律的保护，避免他人未经授权使用或复制。这种保护不仅能防止市场中的混淆和误导，还能确保消费者能够准确识别和信任该品牌的产品或服务。商标注册为创业者提供了法律保障，使他们能够更自信地投入品牌建设和市场推广。在竞争激烈的市场环境中，品牌是企业区别于其他竞争对手的关键因素。通过有效的商标保护，创业者可以确保其品牌在市场上保持独特性和一致性，从而在消费者心中建立起稳固的品牌形象。这种品牌认知度的提升，不仅能增加消费者的忠诚度，还能帮助企业在市场中占据有利位置，吸引更多的目标客户。商标保护为企业的长期发展奠定了基础，使其能够在品牌建设中走得更远、更稳。

在没有商标保护的情况下，创业者的品牌可能会面临被他人抢注或仿冒的风险，进而影响其市场份额和品牌声誉。通过注册商标，创业者获得了独占使用权，可以合法对抗侵权行为，维护其品牌的完整性和市场地位。这种法律保护不仅可以防止潜在的市场混淆，还能使创业者在遇到品牌侵权时，能够迅速采取法律行动，要求侵权方停止使用并赔偿损失。一个注册商标不仅可以在本地市场得到保护，还可以通过国际商标注册在全球范围内得到法律保护。这种国际化的商标保护，能够帮助创业者顺利进入国际市场，拓展业务范围。商标的授权和许可使用，也为创业者提供了新的收入来源，增强了品牌的市场价值。通过商标的多元化运作，创业者可以更好地利用品牌资源，实现更大的商业收益。在品牌建设过程中，商标不仅是企业的标志，也是其战略资产之一。通过合理规划和管理商标，创业者能够更好地整合品牌资源，提升品牌的市场竞争力。商标保护使得企业能够在品牌延伸和跨行业发展中，保持品牌的一致性和连贯性，从而增强品牌的影响力和市场适应性。

（三）版权保护

版权法为原创作品的作者提供了法律上的保障，防止其作品未经授权被复制或使用。对于创业者来说，理解并利用版权法是保护其创意和创新成果的关键一步。版权保护不仅能维护作品的独特性，还能为创业项目的长期发展提供法律支撑。通过版权登记，创业者可以明确自己的版权归属，从而在发生侵权纠纷时，能够依靠法律手段维护自身权益。这种保护不仅在国内有效，随着国际版权公约的普及，版权登记也能在一定程度上保护作品在全球范围内的合法权益。因此，创业者应当积极进行版权登记，以确保其创作能够在法律框架内获得全面的保护。

版权不仅是保护创作的法律工具，更是创业者实现商业价值的重要资产。通过版权的转让和授权，创业者可以将其创作变现，获取经济收益。这种模式不仅能够提升作品的市场价值，还能为创业项目带来稳定的收入来源。因此，合理利用版权法中的商业条款，如版权许可、转让协议等，将有助于创业者在竞争激烈的市场中占据优势。互联网的普及使得作品的传播速度和范围大幅增加，版权侵权的风险也随之上升。为应对这种情况，创业者应当结合数字版权保护技术，如数字水印、加密技术等，增强作品的版权保护力度。这些技术手段可以有效防止未经授权的使用和传播，进一步保障创业者的合法权益。

（四）商业秘密保护

企业的配方、工艺、客户名单等关键信息往往决定着其在市场上的竞争优势。商业秘密保护有助于维护企业的核心竞争力。对于大学生创业者而言，掌握并有效保护这些信息，能够避免关键资源被竞争对手获取，从而维持企业在市场中的独特性和优势地位。大学生创业者应当认识到，商业秘密的泄露不仅可能导致企业的经济损失，还可能引发一系列的法律纠纷。因此，采取保密协议、限制信息的访问权限、加强内部员工的保密教育等手段，都是有效的保护措施。这些措施可以确保只有经过授权的人才能够接触到关键的商业信息，从而降低泄密的风险。

商业秘密保护还需要结合技术手段，以增强信息的安全性。在信息化程度日益提高的今天，企业的许多商业秘密都以数字形式存储和传递。因此，大学生创业者应当利用加密技术、网络安全措施等手段，防止信息在传输过程中被窃取或篡改。同时，定期进行安全检查，及时发现和修复安全漏洞，也是确保商业秘密不被泄露的重要步骤。大学生创业者应当了解相关法律法规，并在必要时通过法律途径维护自己的合法权益。商业秘密保护法为企业提供了一种法律上的保障，防止他人未经授权使用或披露商业秘密。通过积极运用法律手段，企业可以有效震慑潜在的侵权行为，并在发生侵权时，获得法律上的救济。

（五）域名保护

创业者应意识到，域名作为知识产权的一部分，其价值不仅体现在网站流量上，还与企业的品牌形象息息相关。确保企业的域名与品牌商标一致，不仅有助于提高品牌的识别度，还能防止消费者因域名混淆而误导，进而影响企业的声誉。随着互联网的发展，域名抢注现象日益普遍，这对创业者构成了巨大的威胁。为避免这种情况，创业者应当在企业成立初期就尽早注册与品牌相关的域名，甚至包括可能的变体或不同后缀的域名。这种预防性措施不仅能保护企业的核心资源，还能避免因域名被抢注而导致的额外开支或法律纠纷。

创业者可以通过设置域名锁定、启用双重认证等措施来防止域名被未经授权的访问或篡改。同时，定期监控域名状态，以便及时发现并应对可能的威胁或异常情况。这些技术手段可以为域名的安全性提供多一层保障，从而确保企业的线上资产不受侵犯。在法律保护方面，创业者也应当充分利用现有的法律手段来维护自己的域名权益。统一域名争议解决政策（Uniform Dispute Resolution Policy，简称UDRP）为企业提供了一个快速解决域名纠纷的途径。如果发现域名被抢注或不正当使用，创业者可以通过这一机制向相关机构提出投诉，从而保护其合法权益。同时，在域名注册时，了解并遵循相关的法律法规，也能有效避免日后可能的法律风险。

二、大学生创新创业知识产权保护的措施

（一）申请与注册

创业者应当意识到，申请和注册专利、商标及版权是保护创新成果的首要步骤。早期的申请和注册能够确保这些知识产权在法律上得到有效保护，避免在未来的商业发展中出现纠纷或侵权问题。知识产权的申请和注册不仅是对创意和创新的认可，也为企业在市场竞争中建立起一道法律屏障。因此，创业者应尽早启动知识产权的申请流程，以最大限度地保护其创新成果。熟悉专利、商标和版权的申请流程和相关法律要求，是确保知识产权合法性和有效性的关键。创业者需要了解每一种知识产权的申请条件和程序，尤其是不同国家或地区的法律规定可能有所不同。在专利申请过程中，创业者应准备详细的技术描述和发明的具体实施方式，以确保专利申请的成功率。而在商标申请中，创业者则需要进行充分的市场调查，确保所申请的商标不与现有商标发生冲突，避免后续的法律纠纷。同时，版权的申请和登记也需要创业者提供原创作品的具体信息，以证明其作品的原创性。

创业者在申请和注册知识产权时，需考虑到其国际化发展的需求。随着全球市场的不断扩展，企业的知识产权保护不仅限于本国，还需在目标市场所在国进行相应的申请和注册。通过《专利合作条约》（Patent Cooperation Treaty，简称PCT）或《马德里商标国际注册协定》等国际条约，创业者可以在多个国家同时申请专利或商标，从而更好地保护其创新成果在全球范围内的合法权益。这种国际化的保护措施，不仅能提升企业在全球市场的竞争力，还能为未来的业务扩展奠定坚实基础。创业者在申请和注册知识产权的过程中，应该充分利用专业服务和法律咨询。知识产权的申请和注册涉及大量的专业知识和法律条款，对于初创企业而言，依靠内部资源完成这一过程可能存在一定困难。通过聘请专业的知识产权代理人或法律顾问，创业者可以更好地应对复杂的申请流程，并确保其申请文件的准确性和合法性。这不仅能提高申请成功率，还能为企业节省时间和资源。

（二）合同管理

合同不仅是双方合作的法律依据，也是明确知识产权归属的重要文件。通过

合同明确约定知识产权的归属，可以有效防止合作过程中产生的潜在纠纷。无论是合作开发新技术、转让已有技术，还是在商业合作中共享资源，合同都能为双方提供清晰的权利义务界定，确保各自的利益不受侵害。创业者在合作过程中可能需要与合作伙伴共享核心技术或敏感信息，为防止这些信息被不当披露或使用，保密协议显得尤为重要。通过保密协议，双方可以明确约定信息的保密范围、保密期限和违反保密义务的法律后果，从而增强对商业秘密的保护力度。保密协议不仅保护了企业的核心竞争力，也为双方建立起信任基础，为合作的顺利进行创造了良好的环境。

在知识产权转让或许可过程中，签订知识产权转让协议或许可协议同样不可或缺。创业者在转让或许可其知识产权时，通过合同明确转让或许可的范围、使用方式、期限和费用等具体条款，能够确保其知识产权得到合理的商业化运用，并获得相应的经济回报。同时，这类合同还可以防止知识产权被滥用或超出约定范围使用，保障创业者的合法权益不受侵犯。合同管理不仅限于签订合同本身，还包括合同的履行和管理。创业者应当在合同履行过程中，密切关注合同各项条款的落实情况，确保合作伙伴按照合同约定履行义务。定期进行合同审查，及时发现和解决可能出现的争议，也是合同管理的重要环节。通过合同管理，创业者能够在合作过程中更好地掌控局势，确保合作的每一步都在可控的范围内进行。

（三）市场监控与维权

通过定期检查市场上的产品和服务，创业者可以及时发现是否存在侵权行为。这种监控不仅有助于保护企业的知识产权，还能在竞争激烈的市场中维持企业的品牌形象和市场份额。无论是商标、专利还是版权，监控机制的建立都可以为创业者提供一个预警系统，及时发现潜在的侵权行为，并迅速采取应对措施。一旦发现侵权行为，及时采取法律手段维权是保护创业者合法权益的必要步骤。发出律师函是应对侵权的第一步，通过律师函可以正式通知侵权方，要求其停止侵权行为，并在必要时提出赔偿要求。律师函不仅能够震慑侵权方，还能为后续的法律诉讼奠定基础。如果侵权方在收到律师函后仍未停止侵权，创业者应当考虑进一步采取法律行动，如提起诉讼，以通过法律途径保护自己的权利。创业者能够有效地制止侵权行为，并在法律上获得补偿。

市场监控与维权不仅是发现和应对侵权的手段，也是一种防御策略。创业者通过对市场的持续监控，可以了解竞争对手的动向和市场变化，从而更好地调整自己的知识产权战略。通过主动监控市场，创业者可以在竞争中保持优势，避免被动应对侵权行为。同时，这种防御策略还可以提升企业在市场中的话语权和影响力，使其在知识产权保护方面处于更加主动的位置。无论是监控过程中发现的侵权线索，还是与侵权方的沟通记录，这些都可以作为维权时的重要证据。在提起诉讼时，充分的证据不仅可以增加胜诉的可能性，还能为后续的赔偿提供依据。因此，创业者应当在市场监控和维权的每一步中，注意保存和整理相关的证据材料。

（四）内部管理

创业者应当认识到，建立健全的知识产权管理制度是企业长远发展的重要保障。内部管理制度不仅能规范企业对知识产权的使用，还能有效防止因管理不善而导致的侵权风险。通过建立一套完善的知识产权管理制度，企业可以确保其创新成果在内部得到妥善管理和保护，进而提升企业的市场竞争力和创新能力。通过定期的内部培训，创业者可以让员工了解知识产权的基本概念和重要性，掌握如何在工作中正确使用和保护知识产权。这不仅有助于员工在日常工作中遵守相关规定，还能提高他们对知识产权保护的警觉性，从而在企业内部形成一种尊重知识产权、重视创新的文化氛围。这种文化氛围的建立，有助于企业在知识产权保护方面始终处于主动地位。

设立专门的知识产权管理部门可以专门负责企业的知识产权申请、注册、维护和保护工作。通过专职人员的管理，企业可以更加系统地处理与知识产权相关的事务，从而避免因管理不当导致的法律风险。与此同时，知识产权管理部门还可以负责监控市场上的潜在侵权行为，及时采取措施保护企业的合法权益。这样一来，企业在面对外部侵权时可以更快速地做出反应，保护自身利益。企业在开发新产品或进行技术研发时，应当明确知识产权的归属，并通过内部合同或协议加以规定。这不仅有助于防止知识产权在内部流失，还能避免因内部员工或合作伙伴的不当行为而引发的法律纠纷。通过规范化的内部管理，企业可以确保其知识产权在使用和流通过程中始终处于受控状态，从而避免潜在的法律风险。

（五）知识产权战略规划

将知识产权保护与企业的发展目标相结合，可以为企业的发展提供明确的方向和目标。通过制定战略规划，创业者能够在企业的发展过程中，系统性地识别和利用知识产权资源，使其与企业的市场定位、产品开发和技术创新等方面相互协调。这样不仅可以增强企业的市场竞争力，还能为未来的发展奠定坚实的基础。在市场拓展方面，知识产权战略规划能够帮助企业更好地进入新市场。合理的知识产权布局可以为企业在目标市场中建立技术壁垒，防止竞争对手的复制和模仿。创业者可以通过专利的申请和布局，保护其核心技术，并在市场中占据优势地位。同时，商标的注册和管理也能够增强品牌在新市场中的认知度和美誉度，从而为企业的产品或服务打开更广阔的市场空间。

投资者通常更愿意投资那些拥有强大知识产权保护的企业，因为这些企业不仅拥有技术和市场的领先地位，还能够通过知识产权的商业化实现可持续的盈利。因此，创业者应当在知识产权战略中，注重知识产权的保护和增值，为企业的融资和扩展提供坚实的支撑。通过展示企业在知识产权方面的优势，创业者能够赢得投资者的信任，获得更多的资金支持。通过对知识产权的有效管理和利用，企业可以保持技术领先优势，并在市场竞争中保持持久的竞争力。创业者应当定期审视和调整知识产权战略，以应对市场环境的变化和技术发展的需求。通过持续的创新和知识产权的保护，企业可以不断提升其在行业中的地位和影响力，确保其在市场中的领先地位。

（六）教育与培训

高校和相关机构在这一过程中扮演着重要的角色，通过为学生提供系统的知识产权教育，能够有效提升他们的法律意识。许多大学生对知识产权的概念和重要性并不熟悉，因此，开展知识产权相关的课程和讲座，可以帮助他们建立起基本的法律框架，认识到保护创新成果的重要性。这种教育不仅是理论上的知识传授，更是为学生未来创业实践提供法律保障的必要准备。在知识产权保护中，实际操作能力至关重要。通过参与培训班，大学生创业者可以学习到如何申请专利、注册商标，以及处理版权事务等实用技能。这些培训班往往结合实际案例，模拟知识产权申请和维权的过程，让学生在实践中掌握操作流程和技巧，增强他们在面对复杂法律问题时的应对能力。学生不仅能够更好地保护自己的创新成果，还能够在实际操作中积累经验，为未来的创业之路打下坚实基础。

高校和相关机构还应为大学生创业者提供持续的支持和咨询服务。知识产权保护不仅仅是在创业初期需要关注的问题，在企业发展的不同阶段，知识产权的管理和保护始终贯穿其中。因此，定期举办讲座、研讨会和咨询活动，可以帮助创业者及时了解最新的法律法规和保护措施，确保他们的知识产权在法律框架内始终处于受保护状态。这种持续的支持不仅能帮助创业者应对各种法律挑战，还能提升他们在市场中的竞争力。通过知识产权教育与培训，大学生创业者可以更好地应对创业过程中可能遇到的法律问题。创业过程充满了不确定性，法律问题往往会成为创业者面临的重大挑战之一。通过接受系统的教育和培训，学生可以学会如何预防和处理这些问题，避免因法律意识不足而导致的潜在风险。这不仅可以减少法律纠纷的发生，还能为创业者提供心理上的安全感，使他们能够更加专注于创新和业务拓展。

（七）国际知识产权保护

了解并遵守各国的知识产权法律法规，是确保创新成果在国际市场上得到保护的前提。不同国家的知识产权法律制度可能存在较大差异，创业者在进入这些市场前需要深入研究相关法律要求，以避免因法律不熟悉而导致的侵权风险或市场进入障碍。通过对目标市场知识产权环境的全面了解，创业者可以制定出符合各国规定的保护策略，从而确保其创新成果在全球范围内都能得到有效保护。创业者应当利用《专利合作条约》（PCT）等国际专利申请途径，将其核心技术在多个国家同时申请专利保护。创业者可以在不确定最终市场的情况下，先行锁定多个国家的专利权，防止其他竞争者在这些市场上抢先申请专利。与此同时，国际专利申请还能为企业的全球扩展提供法律保障，使其能够在进入新市场时，不受知识产权侵权的困扰。

在商标保护方面，创业者同样需要重视国际商标的注册。商标作为企业品牌的重要组成部分，其在全球市场中的独特性和知名度对企业的国际化发展起着关键作用。通过《马德里商标国际注册协定》，创业者可以在多个国家同时注册商标，避免在不同市场中出现商标被抢注或使用的情况。这不仅有助于维护品牌的全球一致性，还能增强企业在国际市场中的品牌影响力和认知度。随着全球化的深入和数字经济的崛起，知识产权的国际保护面临着新的挑战和机遇。创业者需要不断更新其知识产权战略，适应国际市场的变化和技术发展的需求。通过与国际知识产权机构的合作，参与全球性的知识产权保护活动，创业者可以及时获取最新的法律动态和保护措施，从而在全球市场中保持竞争优势。

第三节　大学生创新创业合同法律风险预防

一、明确合同条款

合同中的合作范围需要特别关注，这是合作双方关系的基础。如果合作范围界定不清，可能会导致双方在合作过程中对各自的职责和权利产生误解。通过明确合作范围，双方可以清晰了解各自的任务和目标，减少因职责不清而引发的纠纷。合作范围的定义还应考虑到未来可能出现的变化或扩展，以便在实际操作中能够灵活应对。确保合作范围的明确性，不仅有助于提高合同执行的效率，还能为双方提供一个稳定的合作框架。知识产权归属条款是合同中的另一关键内容。尤其是在涉及创新和技术开发的合作中，明确知识产权的归属关系至关重要。如果没有在合同中清楚规定知识产权的归属权，可能会导致合作成果的所有权争议，从而影响双方的合作关系。合同中应详细列明各方在合作中的贡献和相应的知识产权分配，避免出现权利不清的情况。知识产权的保护措施也应在合同中予以规定，以确保双方的创新成果不会被滥用或侵权。通过明确知识产权归属条款，双方可以在合作中更安心地分享技术和创意，促进项目的顺利进行。

资金是合作项目的血液，确保其合理使用关系到项目的成败。合同中应明确规定资金的来源、用途、分配方式及支出流程，以防止资金被不当使用或挪用。合同还应包括资金使用的监督机制，确保资金按照预定计划执行。资金使用条款的明确不仅能确保项目资金的透明性和有效性，还能避免因资金管理不善而引发的财务纠纷。通过制定详细的资金使用规定，双方可以更好地掌控项目的财务状况，确保资金用于支持合作的核心目标。明确违约责任能够有效预防合作中出现不履行合同义务的情况。如果一方未能按约履行义务，违约责任条款将为另一方提供法律依据，要求赔偿或采取其他补救措施。合同中应详细规定违约情形、赔偿标准及违约后的解决方式，以确保双方在违约情况下有明确的处理路径。违约责任条款的存在还具有威慑作用，促使双方严格遵守合同条款，减少违约行为的发生。通过明确违约责任，合同不仅成为双方权益的保护伞，也为合同的顺利履行提供了保障。

合同中的每一条款都应符合相关法律法规的要求，以确保合同在法律上具有可执行性。如果合同条款违反法律规定，即使在双方签署后，合同也可能因法律无效而无法执行。因此，在拟定合同时，应充分考虑合同的合法性，确保其符合现行法律的规范要求。通过咨询专业的法律意见，合同的合规性可以得到进一步确认，减少法律风险。合同条款的法律合规性不仅关系到合同的有效性，也直接影响到合同双方的权利保障。

二、确保合同合法有效

在签订合同过程中，确保合同的合法性和有效性是大学生创业者必须重视的关键步骤。合同的合法性要求合同内容必须符合现行法律法规的规定。如果合同条款违反法律，合同将被视为无效，无法为双方提供法律保护。因此，创业者在拟定和签署合同之前，必须全面了解合同所涉及的法律要求，确保合同的每一个条款都在法律框架内运作。这不仅有助于防止合同纠纷的发生，也能为企业的合法运营提供有力保障。特别是在跨国合作或特殊行业许可的情况下，合同的合法性审查尤为重要。不同国家和行业有各自独特的法律要求，创业者需要熟悉这些规定，以确保合同内容符合相应的法律规范。在进行跨国业务合作时，合同条款必须符合所有相关国家的法律要求，以避免因法律冲突而导致的执行问题。同样，在涉及需要特殊许可的行业中，合同必须明确规定各方的权利和义务，确保所有业务活动都在合法的许可范围内进行。通过这样的审查，创业者可以减少合同在执行中的法律障碍，确保合作的顺利进行。

合同双方的主体资格和签署权限是确保合同有效性的基础。大学生创业者必须确认合同各方的主体资格，确保签约方具有合法的法人资格或自然人身份。如果合同的一方不具备合法主体资格，合同的签署将可能被视为无效。签署合同的代表必须具备合法的签署权限，否则即使合同内容合法，合同的效力也可能受到质疑。因此，创业者应在签署合同之前，认真审查签约方的资格证书和授权文件，确保签署行为符合法律要求。为了进一步确保合同的合法有效，创业者还应考虑寻求专业法律意见。合同审查需要具备一定的法律专业知识和经验，特别是对于复杂的合同内容或涉及多个法律领域的合同，更需要律师的指导。通过法律顾问的帮助，创业者可以识别合同中的潜在法律风险，并对合同条款进行必要的调整和修改，以确保合同在法律上无懈可击。这样不仅能提高合同的合法性，还能增强创业者在合同谈判中的法律意识和自信心。在合同签署后，创业者应确保合同各方按照合同规定履行义务，并在发生争议时及时寻求法律支持。合同执行中的任何偏差都可能影响合同的有效性，因此，定期对合同的执行情况进行审查是必要的。这不仅能保证合同的持续有效性，还能在合同执行中发现和解决问题，确保合同目标的顺利实现。

三、注重合同审查与法律咨询

创业者在创业初期可能对合同条款的复杂性和法律风险认识不足，而专业律师具备丰富的法律知识和实践经验，能够为创业者提供有针对性的建议。通过法律咨询，创业者可以全面了解合同中的权利义务分配、潜在的法律风险，以及如何保护自身的合法权益。这不仅有助于提高合同的合规性，还能为企业的稳健发展提供法律保障。合同条款往往涉及复杂的法律概念和技术细节，创业者在缺乏经验的情况下可能难以发现其中隐藏的法律漏洞或不利条款。通过律师的审查，合同中的潜在问题能够及时被发现和纠正，从而减少因合同不当而引发的法律纠纷。律师的专业意见还可以帮助创业者更好地理解合同的法律效力，确保合同条款能够在法律框架内有效执行。

合同审查不仅要在合同签订前进行，还应在合同履行的过程中和企业发展的不同阶段进行定期审查。随着企业的发展，市场环境、法律法规及企业内部情况可能会发生变化，已签订的合同可能需要进行调整和更新，以适应新的形势。如果忽视合同的定期审查，可能会导致合同条款与当前实际情况脱节，从而影响合同的执行效果。定期的合同审查可以确保合同在企业发展的不同阶段始终保持适用性和合法性。在法律咨询和合同审查过程中，创业者应保持积极的沟通态度。与律师保持密切沟通，不仅有助于准确传达企业的需求和意图，还可以更好地理解律师的建议和意见。通过深入的沟通，律师能够根据创业者的实际情况，提供更加定制化的法律服务，确保合同条款既符合法律要求，又切实保障创业者的利益。积极沟通能够促成双方的有效合作，从而提升合同审查的效率和效果。

合同审查和法律咨询并非一次性的任务，而是企业在发展的过程中需要持续关注的环节。随着企业规模的扩大和业务的多样化，合同管理的复杂性也会增加。因此，创业者应当建立起长效的合同管理机制，定期邀请律师进行法律审查，并根据需要对合同条款进行调整和优化。这种长期的法律支持不仅能够帮助企业应对日益复杂的商业环境，还能为企业的持续发展保驾护航。

四、加强对合同履行的监督与管理

创业者应当对合同各方的履约行为进行全面的跟踪和监督，以确保合同中的各项条款得到切实执行。尤其是在涉及资金支付、交付期限和成果验收等关键环节时，创业者需要格外关注。通过实时监控合同履行的进展，创业者可以及时发现潜在的问题，并采取必要的措施进行调整，避免因履行不当而导致的合同纠纷。这种预防性措施能够有效减少风险，并确保合同目标的顺利实现。在合同履行过程中，任何涉及资金往来、交付和验收的行为都应当有详细记录。保存这些记录不仅有助于清晰地了解合同履行的进展，还能在发生争议时作为有力的法律证据。创业者可以通过建立系统的记录管理流程，将合同履行的每一个环节都详细记录在案，并确保这些记录的完整性和准确性。创业者可以在合同履行中保持透明度和可追溯性，为合同执行的有效性提供保障。

在合同执行过程中，创业者需要密切关注合同对方的履约能力，特别是在长期合作中，合同对方的财务状况、经营状况等可能发生变化。如果发现对方履约能力有所下降，应及时采取措施，如调整合同条款、增加担保措施或甚至重新评估合作关系。这种预防性评估能够有效降低因对方履约能力不足而导致的合同风险，确保合同执行的稳定性和连续性。通过定期审查合同履行的进展情况，创业者可以发现和解决可能存在的问题，避免因疏忽而导致的履行不当。在这种监督机制中，可以安排定期的会议或报告，对合同的执行情况进行评估和反馈。这样的定期检查不仅能确保合同按计划进行，还能为合同管理提供一个有效的沟通平台，使各方在合同履行过程中保持同步和一致。

加强合同履行的监督和管理，还应包括建立应急处理机制。当合同履行过程中出现突发情况或不可抗力事件时，应急处理机制能够帮助创业者迅速反应，采取适当的应对措施，避免事态扩大。应急处理机制的建立需要包括明确的应急预案、责任分工和决策流程，以确保在紧急情况下能够迅速、有效地处理合同履行中的问题。这种机制的存在不仅能够减少突发事件对合同执行的影响，还能为创业者提供安全感和操作灵活性。

五、预防合同纠纷与处理争议机制

创业者应在合同中约定明确的仲裁或诉讼管辖地。通过确定管辖地，双方可以提前了解在哪个司法辖区内解决纠纷，从而避免在纠纷发生后因管辖权问题产生的额外争议。这种预先的约定不仅能为双方提供法律保障，也能有效降低纠纷解决的复杂性。确定仲裁机构或法院管辖地，还可以避免跨区域或跨国诉讼带来的不便和高昂费用，使纠纷解决过程更加简便和高效。明确适用法律是合同纠纷解决机制中的关键环节。特别是在跨国合作或涉及不同法律体系的合同中，事先明确适用法律可以减少因法律冲突而引发的复杂性。通过在合同中指定适用的法律体系，双方可以对合同的解释和执行有共同的法律依据，从而减少可能的法律争议。创业者应当根据合作伙伴的所在国和业务性质，选择最适合的法律体系，并在合同中清晰标明。这不仅有助于确保合同的合法性，还能为纠纷的解决提供明确的法律指导。

创业者应当在合同中详细约定争议解决的步骤和程序，如先行协商、调解、仲裁或诉讼等。这种多层次的争议解决机制可以为双方提供多种选择，在不同阶段根据争议的性质和严重程度选择最适合的解决方式。特别是协商和调解作为争议解决的初级阶段，可以通过双方的沟通和让步，避免进一步的法律对抗，从而节省时间和成本。这种灵活的争议解决程序不仅有助于及时化解矛盾，还能维持双方的合作关系。创业者还应密切关注合同履行的情况，一旦出现履行困难或对方违约的情况，应及时启动争议解决机制。通过快速反应和积极沟通，可以防止问题进一步扩大，避免因拖延而导致的更大损失。创业者应在遇到履行困难时，尽早与对方沟通，通过协商和调解的方式寻找解决方案，以尽可能保全合同的执行效果。同时，记录和保存相关的沟通和协商过程，可以为后续的争议解决提供证据支持，确保在必要时能够通过法律手段维护自身权益。

预防合同纠纷与处理争议机制不仅是合同中的规定，更需要在实际操作中得以落实。创业者应当建立内部的合同管理和风险控制机制，确保合同履行过程中的问题能够及时发现并处理。同时，定期审查合同条款和争议解决机制的适用性，根据企业的发展和市场环境的变化调整和更新合同内容，以保持其法律有效性和适用性。这种动态管理的方式能够为企业的合同执行提供更为灵活和有效的保障，减少纠纷发生的可能性。

第四节　大学生创新创业财务与税务法律基础

一、大学生创新创业财务法律基础

（一）了解基本财务管理法律规定

大学生创业者需要深入了解基本的财务管理法律规定，以确保企业运营的合法性。无论是通过股权融资、债务融资，还是通过个人存款或家人支持来筹措启动资金，都应了解相关的法律规范。创业者需要了解不同融资方式的法律框架、投资者权益保护，以及如何合法进行资金募集。熟悉这些规定有助于创业者在筹措资金时，避免违反法律，确保资金来源合法。大学生创业者应熟悉企业预算编制的法律要求，包括年度预算、季度预算及专项预算的编制流程和披露标准。通过遵循法律规定的预算编制方法，创业者可以更有效地分配资源，避免因资金使用不当而导致的财务问题。同时，预算编制的合规性也能帮助企业在运营过程中，及时发现和纠正财务上的偏差，为企业的健康发展提供保障。

财务报表是企业财务状况的真实反映，其编制和披露必须遵循《企业会计准则》等法律法规的要求。创业者需要了解如何编制资产负债表、利润表、现金流量表等关键财务报表，确保这些报表的真实性和准确性。企业在特定情况下，还需要按照法律要求进行定期的财务披露，如年度财务报告的提交和公布。通过遵守这些法律规定，创业者不仅能保证企业的财务透明度，还能提高企业在投资者和客户中的信誉。创业者应当清楚企业在不同阶段可能涉及的税务种类，如增值税、企业所得税等，并了解相关的申报和缴纳要求。通过掌握税务相关法律，创业者可以避免因税务不合规而面临的罚款或法律诉讼。同时，了解和利用政府提供的税收优惠政策，也能帮助企业在起步阶段减轻税务负担，从而更加专注于业务发展。

财务管理不仅仅是关于数字的管理，更是关于企业合法运营的重要保障。创业者应当定期检查企业的财务合规性，确保各项财务操作符合现行法律法规的要求。通过定期的内部审计和合规检查，创业者采取相应措施加以纠正，防止因财务管理不当而引发的法律风险。这种主动的合规管理策略，不仅能提升企业的运营效率，还能为企业的长期发展奠定坚实的法律基础。

（二）建立健全的财务管理制度

完善的财务管理制度可以确保资金的有效使用。资金是企业的生命线，如何合理分配和使用资金直接影响企业的生存和发展。创业者应制定详细的资金使用计划和审批流程，确保每一笔支出都有明确的用途和合理的预算。通过严格控制资金流向，可以避免资金的浪费和不当使用，从而提高企业的财务效率。财务活动的规范化不仅包括日常的财务记录和账目管理，还涉及财务报表的编制和财务分析。创业者应当在企业内部建立统一的财务管理流程，确保财务数据的准确性和一致性。通过定期的财务分析，创业者可以及时了解企业的财务状况，发现潜在的财务问题，并做出相应的调整。这种规范化的管理方式，可以帮助企业在市场竞争中保持财务健康，避免因管理不善而导致的经营风险。

在企业的运营过程中，财务管理涉及大量的法律法规，如税务合规、财务报表的真实性等。如果企业没有健全的财务管理制度，容易出现管理混乱和法律风险。未经审计的财务数据可能会引发税务问题，甚至可能导致法律诉讼。通过建立健全的财务管理制度，创业者可以确保企业的财务活动符合法律要求，为企业的发展保驾护航。通过标准化的财务流程和管理工具，企业可以大大简化财务管理的复杂性，减少人为错误的发生。创业者可以通过引入现代化的财务管理软件，自动化处理财务数据，提升财务管理的精准度和效率。同时，明确的财务管理职责分工，也能让财务团队更高效地协作，避免因职责不清而导致的管理混乱。这种制度化的管理方式，可以使企业在财务管理上更具竞争力。

财务纠纷往往源于内部管理的漏洞，如资金管理不透明、账目不清等问题。通过建立清晰的财务管理流程和严格的内部控制，企业可以有效减少财务纠纷的发生。规定资金的审批权限和使用流程，确保所有财务活动都经过合法的程序和审核。这不仅有助于维护企业内部的财务秩序，还能增强员工对财务管理的信任，促进企业的和谐发展。

（三）遵守资金筹措法律规范

创业者无论选择银行贷款、股权融资，还是其他形式的资金筹措方式，都需要遵循相关法律法规。每一种筹资方式都有其独特的法律要求和合规流程。在银行贷款的过程中，创业者必须确保提供准确的财务信息和经营状况，并按期履行还款义务。通过遵守这些规定，创业者不仅可以获得所需的资金支持，还能维护企业的信用和声誉。股权融资作为创业者常用的资金筹措方式，涉及的法律规范更加复杂。股权融资通常需要与投资者签订详细的协议，明确双方的权利和义务。这些协议不仅要符合合同法的基本要求，还需符合公司法、证券法等相关法律的规定。在涉及公开募资的情况下，创业者必须按照证券法的要求，披露企业的经营状况、财务状况及潜在风险，确保投资者能够做出知情的投资决策。通过严格遵守这些法律要求，创业者可以避免因信息披露不充分或误导性陈述而引发的法律纠纷和投资者投诉。

在资金筹措过程中，创业者必须充分尊重投资者的合法权益，确保投资协议中有关股权、分红、退出机制等条款的公平和透明。尤其是在涉及多个投资者的情况下，创业者需要确保所有投资者得到平等对待，避免因利益分配不均而引发的矛盾和纠纷。通过制定清晰的投资协议和法律文件，创业者可以在保障自身利益的同时，维护投资者的权益，建立良好的投资者关系。创业者在进行资金筹措时，还应当密切关注相关法律法规的变化。法律环境是动态的，特别是在资本市场和金融领域，法律法规的调整可能会对资金筹措行为产生直接影响。创业者应及时了解最新的法律动态，必要时寻求专业法律咨询，确保融资行为始终符合现行法律法规的要求。这种主动的法律合规意识，不仅能够减少法律风险，还能提高企业在市场中的合法性和信誉度。

创业者应当建立健全的内部管理制度，以确保融资行为的合规性。通过设立专门的法律和合规部门，企业可以对资金筹措过程中的每一个环节进行严格审查，确保其符合法律要求。内部管理制度的建立，可以帮助企业在复杂的法律环境中保持清晰的合规路线，避免因疏忽大意而引发的法律问题。这种系统化的合规管理，不仅是对企业合法权益的保护，也为企业的长期发展奠定了坚实的法律基础。

（四）重视财务报告与审计

创业者应认识到财务报告不仅是对企业财务状况的记录，更是对外展示企业经营成果和财务健康状况的工具。通过财务报告，企业可以向投资者、债权人、政府监管机构，以及其他利益相关者展示其财务表现和经营能力。因此，确保财务报告的真实性和准确性，不仅能够提高企业的公信力，还能为企业的发展赢得更多的支持和信任。财务报告为企业管理层提供了关于企业财务状况的详细信息，这些信息对于制定经营战略、预算管理和资源配置至关重要。如果财务报告存在错误或偏差，可能会导致管理决策的失误，从而对企业的发展产生负面影响。创业者应当重视财务报告的编制过程，确保数据的完整性和准确性，并通过定期的财务分析来发现潜在的问题，及时做出调整和优化，以提升企业的运营效率和财务管理水平。

审计不仅是法律的要求，更是确保企业财务信息可信度的关键手段。通过审计，企业可以验证财务报告的准确性和完整性，发现财务管理中的潜在风险，并确保财务数据的公正性。审计报告不仅为企业管理层提供了关于财务健康状况的客观评价，也为投资者和其他利益相关者提供了可靠的决策依据。因此，审计不仅是对财务报告的复核，更是对企业整体财务管理水平的全面检验。在法律层面上，定期审计可以帮助企业满足合规要求，避免因财务不透明或不准确而引发的法律问题。许多国家的公司法规定，当企业达到一定的规模或营收水平时，必须进行独立审计并向相关监管机构提交审计报告。通过遵守这些法律要求，企业可以减少法律风险，避免可能的罚款或诉讼。审计还可以帮助企业识别和防范内部控制的漏洞，增强财务管理的有效性和合规性，确保企业在市场中的合法地位。准确的财务报告和独立的审计报告可以提升企业的市场形象和投资者信心，从而为企业吸引更多的投资和融资机会。定期审计还可以帮助企业建立健全的内部控制和风险管理机制，确保企业在快速发展的过程中，始终保持财务管理的稳健性和规范性。这种长期的财务健康管理，不仅能够支持企业在激烈的市场竞争中立于不败之地，还能为企业的可持续发展提供坚实的保障。

二、大学生创新创业税务法律基础

（一）掌握税务登记与申报的基本要求

大学生创业者应当了解税务登记的基本流程和要求，这是企业合法运营的基础。税务登记通常需要在企业注册后的一定期限内完成，创业者需向税务机关提交必要的文件和信息，包括企业的注册证书、法定代表人身份证明等。完成税务登记后，企业将获得税务登记证书，这将作为企业进行税务申报和缴纳税款的重要依据。因此，按时进行税务登记，不仅是法律的要求，也是确保企业在合法框架内开展经营活动的必要条件。不同类型的税款有各自的申报周期和流程，创业者需要熟悉这些要求，以避免因未按期申报而产生的罚款或其他法律后果。所得税、增值税和企业所得税是企业最常见的几种税种，创业者应当深入了解它们的申报流程。所得税通常按月或按季度申报，创业者需要准确计算企业的应税所得，并在规定的时间内向税务机关提交申报表和缴纳税款。增值税的申报则涉及企业的销售额和进项税额的核算，要求创业者具备一定的财务管理能力和税务知识。

在税务管理中，按期申报各类税款不仅是法律义务，也是企业维护良好信用记录的关键。税务机关通常会对企业的税务申报情况进行定期检查，如果发现企业存在漏报、少报或不按时申报的情况，可能会导致信用等级下降，甚至面临法律制裁。因此，创业者应当建立完善的税务管理制度，确保每一项税款都能按时、准确地申报和缴纳。企业不仅可以避免法律风险，还能为未来的融资和发展奠定良好的信用基础。为了更好地掌握税务申报的基本要求，创业者还应当保持与税务机关的良好沟通。税务政策和法规可能会随时更新，创业者需要及时了解这些变化，以便做出相应的调整。税率的变动、申报方式的改进、新的税收优惠政策等，都可能影响企业的税务负担和申报方式。通过定期参加税务培训或咨询专业税务顾问，创业者可以确保企业的税务管理始终符合最新的法律要求，并充分利用政策优惠来降低税务成本。

税务管理不仅仅是财务部门的工作，而是整个企业管理的一部分。通过建立健全的税务管理制度，明确税务申报的责任和流程，企业可以有效提升整体管理水平。创业者可以通过引入现代化的财务管理工具，自动化处理税务申报，减少人工操作的错误。这种系统化的管理方式，不仅可以提高企业的运营效率，还能确保税务申报的准确性和合规性。

（二）合理利用税收优惠政策

在企业创立和发展的过程中，税收优惠政策是创业者可以利用的一项重要资源。这些政策通常由政府针对不同性质、规模和行业的企业推出，目的是减轻企业负担、促进经济发展。合理运用这些税收优惠政策不仅能显著降低企业的税负成本，还能提升企业的财务灵活性和市场竞争力。政府通常会根据企业的行业类别、地域分布或发展阶段提供一定的税收减免。举例来说，对于高新技术企业或绿色环保企业，政府可能会提供增值税或企业所得税的减免。这些减免不仅可以直接降低企业的税收支出，还可以为企业留出更多的资金用于研发、生产和市场扩展，从而促进企业的快速成长。

税收抵扣通常包括研发费用加计扣除、设备购置折旧抵扣等，这些政策可以帮助企业在缴纳税款时减少税基。通过合理申报研发费用，企业可以享受到额外的税收优惠，从而减轻资金压力。对企业购置的设备进行折旧抵扣，也能有效降低企业的税负，增强财务稳健性。创业者需要深入了解税收优惠政策的具体要求和申请流程。各地的税收优惠政策可能存在差异，企业应当仔细阅读相关政策文件，并咨询专业税务顾问，以确保符合所有申请条件。在实际操作中，准确记录和报送相关费用和资料，避免因资料不全或申报错误导致的税收问题，是确保能够顺利享受政策优惠的关键步骤。合理利用税收优惠政策可以帮助企业在激烈的市场竞争中占据有利位置。税收优惠不仅降低了企业的运营成本，还可以提高企业的盈利水平和市场份额。通过科学规划和合理安排，企业可以将节省的资金投入到更多的创新和市场拓展活动中，从而在行业中获得更大的竞争优势。

（三）避免税务违法行为

税务合规是企业经营中的重要方面，创业者必须严格遵守税法规定，避免任何形式的税务违法行为。逃税、漏税不仅损害企业的合法权益，还会引发一系列法律和财务风险，对企业的长期发展造成不利影响。了解并严格执行税法要求，是确保企业正常运营和维护企业信誉的关键。税法是国家经济管理的重要手段，任何逃税或漏税行为都被视为对法律的公然违背。根据相关法律规定，税务机关对于逃税、漏税等行为有权处以高额罚款或滞纳金。这不仅会直接增加企业的经济负担，还可能导致企业的财务状况恶化，影响企业的正常运转和发展。

在严重逃税或恶意逃税的情况下，企业及其相关责任人可能面临刑事起诉和处罚。刑事责任的追究不仅会对企业的声誉造成不可逆转的损害，还会影响企业的经营管理团队，使其面临法律诉讼的压力。为了避免这种风险，企业应当建立完善的税务管理体系，确保每一项税务工作都符合相关法律法规。企业的声誉在很大程度上取决于其合法合规的经营行为。税务违法行为不仅会导致企业的公众形象受损，还可能影响客户、投资者和合作伙伴的信任。通过严格遵守税法规定，企业能够树立良好的商业信誉，增强市场竞争力，为企业的长远发展打下坚实的基础。建立健全的税务管理制度和流程，定期进行税务审计和检查，可以有效防范潜在的税务风险。企业应当注重培养财务人员的税务专业知识，提高他们的税务管理能力，确保企业在各个环节都能够严格遵守税法要求。

（四）定期与税务机关沟通

与税务机关的定期沟通不仅能帮助创业者及时了解最新的税务政策和法规变化，还能在面对税务检查时减少因政策误解而引发的税务风险。这种主动的沟通方式是确保企业税务合规和优化税务管理的有效途径。税务政策和法规经常会有调整和变化，企业需要及时获取这些信息以做出相应的调整。通过定期与税务机关沟通，企业可以第一时间掌握政策更新，确保在财务规划和税务申报中遵循最新的规定。税务机关发布的新的税收优惠政策、税率调整或申报要求等信息，如果能够迅速获得并应用，将极大地帮助企业优化税务策略，降低税务负担。

税务机关的检查往往涉及复杂的法规要求和细节，如果企业对相关政策了解不够全面，可能会出现因政策误解而导致的税务问题。通过主动与税务机关沟通，企业可以提前了解可能的检查重点和要求，从而做好充分准备。这样，企业在税务检查过程中可以更加从容应对，减少因为信息不对称而产生的税务风险。税务顾问通常具有丰富的税务经验和专业知识，可以帮助企业解读复杂的税务法规和政策。企业在遇到不确定或复杂的税务问题时，可以通过咨询税务顾问获得专业意见，从而避免因处理不当而引发的税务争议。税务顾问的建议可以帮助企业制定合理的税务计划和优化税务结构，确保税务合规。

第三章 大学生创新创业项目的法律风险评估

第一节 大学生创新创业项目法律风险评估

大学生在进行创新创业项目时，法律风险评估是确保项目顺利推进的重要环节。通过系统化的法律风险评估，创业者可以识别潜在的法律问题，并采取适当措施加以防范。

一、项目立项阶段的法律风险评估

（一）评估法律合规性

在创业项目的立项阶段，确保项目的法律合规性这一过程涉及对国家和地方法律法规的全面评估，确保项目的各个方面都符合法律要求。通过系统的法律合规性评估，创业者能够提前发现潜在的法律问题，降低未来运营中的法律风险。创业者需要确认项目是否符合公司注册的法律规定，这包括公司名称、注册资本、公司类型等方面。根据不同国家和地区的法律规定，创业者需要完成相应的注册程序，并获取必要的营业执照和经营许可证。确保注册过程的合规性不仅是合法运营的前提，还能避免因注册不当而产生的法律问题。许多创业项目还需要经过特定的许可审批程序。涉及食品、药品、金融等领域的项目，通常需要获取相关行业的许可和认证。在立项阶段，创业者应详细了解并遵循这些许可审批的要求，确保在项目实施过程中不会因为缺乏必要的许可证而遭遇法律制裁或业务中断。

知识产权，包括专利、商标、著作权等，是创业项目的重要资产。创业者需要评估项目所涉及的知识产权是否已按照法律规定进行注册和保护。如果项目涉及创新发明或独特的品牌标识，及时申请专利或商标注册可以有效保护这些知识产权不被侵犯。同时，确保项目的知识产权未侵犯他人的专利、商标或著作权，以避免因侵权引发的法律纠纷。创业者还应关注项目是否符合国家和地方的环境保护、劳动安全等相关法规。不同地区对环境保护和劳动安全有不同的法规要求，创业者需要在项目立项阶段这些要求进行详细了解，并制定相应的合规措施。生产型企业需要确保其生产活动符合环保法规，而服务型企业则需确保其运营环境符合劳动安全规定。

（二）　确认合同及协议的合法性

创业者与合作伙伴、供应商及客户签订的合同及协议是项目顺利推进的基础。确保这些合同条款的合法性和有效性，有助于防范潜在的合同纠纷，保障项目的顺利实施和企业的合法权益。创业者在签订合同之前，应详细审阅合同的所有条款，确保其内容符合相关法律法规的要求。合同应明确约定各方的权利和义务，并且条款内容不得违反法律法规，例如，不得存在非法限制竞争、虚假的声明或不正当的利益安排。通过仔细检查合同条款的合法性，创业者可以防止因合同内容违法而引发的法律问题。

有效的合同应当具备法律效力，即合同的签署各方应具有合法的签约资格，合同内容应真实明确，且合同签署过程应符合合法程序。如果合同中存在模糊或不明确的条款，可能会导致合同在执行过程中出现争议。创业者应确保合同中的每一项条款都经过慎重考虑，避免因合同条款的不明确或不完整而造成的法律风险。合同中涉及的知识产权、商标权、专利权等内容必须得到合法授权，确保合同的履行不会侵犯第三方的合法权益。创业者应核实合同中所涉及的权利是否已经得到授权，防止因未经授权的使用或侵犯他人权利而引发的法律纠纷。这一过程包括对第三方知识产权的使用授权进行确认，并确保合同中相关的条款不会导致侵权行为的发生。

创业者应在合同中设定明确的履行条件和违约责任，确保各方在合同履行过程中能够按照约定的标准和时间节点完成各项义务。如果合同中存在违约责任不明确或补救措施不充分的情况，可能会在合同纠纷发生时导致问题的复杂化。因此，在合同签署之前，确保违约责任的规定合理、清晰，并制定相应的争议解决机制，有助于在合同履行过程中减少风险。

二、项目实施阶段的法律风险评估

(一) 知识产权保护

在创新创业项目中，知识产权（Intellectual Property，简称 IP）不仅是项目的核心资产，也直接影响到项目的竞争力和市场地位。大学生创业者必须认真评估涉及的知识产权，确保这些资产得到有效保护。保护知识产权的措施包括申请注册和获取法律保护，以防止其被侵犯或无意中侵犯他人的权利。创业者需要识别项目中涉及的不同类型的知识产权，如专利、商标和著作权等。专利保护技术发明，商标保护品牌标识，著作权则涉及原创作品的版权。每种知识产权都有其独特的保护机制和申请程序，创业者需要根据项目的具体情况确定哪些知识产权需要注册和保护。对于具有创新性的技术发明，申请专利可以防止技术被他人模仿；对于项目的品牌名称和标识，注册商标可以防止他人使用类似的商标损害品牌形象。

创业者应当进行必要的注册申请，包括专利申请、商标注册和著作权登记。专利申请需要通过专利局提交申请材料，经过审查和批准后方可获得专利权。商标注册则需要向商标局申请，并通过审查程序获得商标权。著作权登记虽然在创作完成后自动产生，但登记可以提供额外的法律保护。定期监控和维护这些知识产权的状态，确保其处于有效保护范围内，是避免知识产权被侵犯的有效手段。创业者需要主动监测市场，检查是否存在侵犯自身知识产权的行为。通过市场调查和专业的知识产权监测服务，可以及时发现侵权行为，并采取法律手段进行维权。如果发现他人未经授权使用了项目的商标或专利技术，创业者应及时采取法律措施，包括发函警告、提出诉讼或寻求调解等方式，以保护自身的合法权益。创业者也需要确保在项目开展过程中不侵犯他人的知识产权。进行知识产权的尽职调查，确保项目中的技术和品牌不会侵犯他人的专利、商标或著作权，是避免法律纠纷的关键步骤。购买或使用第三方的知识产权时，必须获得授权，并签署合法的许可协议，以免引发侵权问题。

(二) 劳动关系管理

创业者在与员工签订劳动合同时，应特别关注合同条款的法律合规性。合理的劳动合同不仅能确保员工权益，还能有效预防劳动争议的发生，促进企业与员工之间的和谐关系。劳动合同的合法性是基础要求。创业者在签订劳动合同前，应确保合同内容符合国家和地方的劳动法律法规。这包括明确薪酬待遇、工作时间、休息日、劳动保护等基本条款。劳动合同应详细规定员工的工资水平及支付方式，确保不低于最低工资标准。合同还应明确工作时间、加班规定及休息日安排，确保符合相关法律规定。若合同未明确工作时间和加班工资，可能会引发劳动纠纷。

根据劳动法律法规，企业通常需要为员工提供一定的社会保险，包括养老保险、医疗保险、失业保险等。创业者应在劳动合同中明确保险的种类和缴纳比例，确保员工能够享受到法律规定的社会保险待遇。缺乏必要的保险安排不仅可能导致法律责任，还可能影响员工的工作积极性和企业的声誉。劳动合同应在员工入职前签署，并由双方签字确认。合同中应注明合同的有效期限、试用期安排及终止条件，以避免后续的争议。在签署合同的过程中，创业者还应向员工提供必要的劳动条件和工作环境的说明，以确保员工在入职前对其权利和义务有充分了解。随着法律法规的变化及企业运营状况的调整，劳动合同中的条款可能需要进行修改和更新。创业者应定期审查合同内容，确保其始终符合最新的法律要求和企业实际情况。如果出现法律法规变更或企业内部政策调整，应及时更新劳动合同，并通知员工相关变更情况。

三、项目运营阶段的法律风险评估

（一）税务合规

创业者需要仔细评估项目是否遵循税务法律法规，以确保税种、税率的适用，以及税务申报和缴纳的准确性。遵守税务法规不仅能够避免法律风险，还能维护企业的财务健康和声誉。不同类型的企业和不同业务活动会涉及不同的税种，如增值税、企业所得税、营业税等。创业者应了解并确定企业所涉及的具体税种，并按照法律规定适用相应的税率。增值税的税率可能因行业或产品类型的不同而有所不同，企业需要根据自身的业务性质选择正确的税率进行申报和缴纳。明确这些税务要求是确保企业税务合规的首要步骤。

企业应按时提交税务申报表，并准确填写相关数据。申报过程中的错误或遗漏可能会导致税务机关对企业进行处罚，甚至引发进一步的法律责任。创业者应确保每一次税务申报都经过认真审核，并按照税务规定的时间节点进行申报和缴纳。企业还需要保存好相关的税务资料和凭证，以备税务机关的检查和审计。在税务合规的过程中，企业还需要关注税务政策的变化。税务法规和政策可能会随着国家经济政策的调整而发生变化。创业者应保持对最新税务政策的关注，并及时调整企业的税务管理策略。通过定期咨询税务顾问或参与税务培训，企业能够了解税务政策的最新动态，确保自身的税务实践符合当前的法规要求。

建立完善的税务管理制度也是税务合规的重要保障。企业应设立专门的财务部门或聘请税务顾问，负责日常的税务管理工作。财务部门应定期进行税务审计，确保税务申报的准确性和合规性。同时，制定详细的税务管理流程和操作规范，可以有效降低因操作不当而导致的税务风险。税务顾问的专业意见和建议，也能帮助企业解决复杂的税务问题和优化税务规划。

（二）合同履行风险

创业者需要定期评估合同的履行情况，以确保所有合同条款得到了有效实施。合同履行中的任何问题，都可能引发法律纠纷和经济损失，因此，及时发现和解决这些问题是保护企业利益的关键。创业者应对合同的履行进度进行持续监控，确保各方按合同约定履行自己的义务。这包括对合同的履行时间、质量、数量等方面进行检查。在采购合同中，创业者需要确认供应商是否按时交货，并且交付的货物是否符合合同要求。通过定期的履行情况评估，可以及时发现潜在的问题，采取措施确保合同的全面履行。

如果在合同履行过程中发现问题，例如合同一方未能按时履行义务或履行质量不达标，创业者应迅速采取法律手段解决问题。创业者可以通过与对方沟通和协商，尝试达成解决方案。如果协商无法解决问题，则需要考虑法律途径，包括发函警告、要求履行合同或提起诉讼。通过法律手段维护自身权益，可以有效减少合同履行中出现的问题，从而降低对企业的负面影响。创业者在签署合同前应确保所有条款清晰明确，包括履行的具体要求、时间节点、违约责任等。合同中的每一项条款都应具体、可操作，避免因条款模糊或不明确而导致的履行争议。在服务合同中，应明确服务的内容、标准和交付时间，以避免因双方对服务内容的理解不同而引发纠纷。企业可以设立专门的合同管理部门或聘请专业人士，负责合同的审核、履行和监控。合同管理部门应定期对合同履行情况进行检查，并及时处理发现的问题。通过系统化的合同管理，企业能够更有效地控制和减少合同履行风险，确保合同条款的顺利执行。

四、项目退出阶段的法律风险评估

（一）清算与解散程序

当项目进入退出阶段，创业者需要掌握项目的清算与解散程序，以确保企业的正常终止。清算与解散不仅涉及企业财产的分配和债务的清偿，还涉及合法程序的遵循。正确处理这些程序可以避免因操作不当而引发的法律纠纷，保障各方权益。清算是指在企业解散后，对企业资产进行清理、债务偿还、剩余财产分配的过程。在清算阶段，创业者需组建清算小组，按照法律法规的要求对企业资产进行全面的审计和评估。清算小组需对企业的所有财产进行清点，评估其价值，并制定详细的清算方案。这一方案应包括资产的变现计划、债务偿还顺序和剩余资产的分配方案。清算的过程需严格遵循相关法律规定，以确保所有程序的合法性和公平性。

　　企业在解散时，需优先偿还债务，包括员工工资、税务欠款和供应商款项等。债务清偿的顺序通常按法律规定的优先级进行，首先偿还优先级高的债务，如税款和员工工资，其次偿还其他债务。在偿还债务过程中，创业者应确保每一笔款项的支付都有相应的凭证，并记录在案，以备后续审查。如果企业资产不足以偿还所有债务，清算小组需按照法律规定的程序处理，避免个人承担超出公司资产范围的债务。根据法律要求，企业解散后，需在指定的报纸或其他媒介上公告，通知债权人及相关方。这一公告是为了确保所有债权人有机会提出债务索赔，并为清算过程提供透明度。公告的内容应包括企业解散的通知、清算小组的联系方式、债权申报的截止日期等信息。公告过程的合规性可以避免因信息不透明而引发的法律争议。

　　企业在完成清算程序后，还需办理正式的解散登记。创业者需向相关行政管理部门提交解散申请，并提供清算报告和其他必要文件。行政部门会对企业的解散申请进行审查，确认企业的所有财务和法律事务已妥善处理后，方可完成正式的解散登记。这一步骤标志着企业的法律地位正式终止。

（二）知识产权转让与保护

　　创业者需要确保知识产权的转让协议合法有效，并对知识产权进行适当的保护。这不仅可以避免知识产权的流失，还能防止潜在的侵权问题，确保企业资产的安全和完整。知识产权转让协议应明确规定转让的范围、条款和条件，包括转让的具体知识产权、转让金额、支付方式及转让的时间节点。协议中还应详细说明知识产权的所有权和使用权的转移过程，确保双方的权益得到法律保护。为了确保协议的合法性，创业者应在签署前咨询专业的法律顾问，审查协议条款是否符合相关法律法规，并且避免存在潜在的法律风险。创业者应在转让前对知识产权进行全面的审查，确认其合法性和有效性。这包括检查知识产权的注册状态、权利归属、保护范围等，确保没有未解决的法律纠纷或侵权风险。转让后，创业者还需确保知识产权的新所有者能够合法地继续使用和保护这些权利。转让协议中应包含对知识产权保护的具体条款，如保密协议、使用限制等，确保知识产权不会因不当使用而受到侵害。

　　创业者在转让知识产权时，应采取必要的措施防止知识产权的非法使用或流失。这包括在转让过程中与受让方签订保密协议，限制其对知识产权的使用范围，避免受让方将知识产权用于未经授权的用途。创业者还应在转让后继续监控知识产权的使用情况，确保其在法律范围内得到有效管理。在项目退出或转让后，创业者还需关注知识产权的侵权风险。如果知识产权被他人侵犯，创业者需要采取法律手段进行维权。这包括及时收集侵权证据、向侵权方发出警告函，必要时提起诉讼或寻求其他法律救济。通过积极维护自身的知识产权，创业者可以有效防止因侵权行为而导致的损失。

第二节　大学生创新创业知识产权风险分析

一、知识产权未注册风险

许多大学生创业者往往忽视对知识产权的注册，这种忽略可能对项目的未来发展产生严重的负面影响。虽然这些创业者可能拥有创新性的成果，如独特的技术、商标或创意作品，但如果未进行正式注册，这些知识产权在法律上将不具备强有力的保护。未注册的知识产权不仅容易被他人模仿或盗用，还可能导致创业者在市场上失去竞争优势，甚至错失重要的经济收益。知识产权注册是获得法律保护的前提。涉及专利、商标的知识产权只有通过注册，才能在法律上确认其专属权利。注册后的知识产权可以获得法律的强力保护，包括防止他人未经授权使用、复制或销售相关技术、标识和作品。未注册的专利可能被他人抢先申请并获得专利权，从而使原始创造者失去对该技术的控制权。为了确保自身的创新成果不被侵犯，创业者应尽早进行知识产权的注册，建立法律保障。

如果一个创业项目的核心技术或品牌标识没有进行正式注册，其他企业或个人可能会未经授权地模仿或使用这些创新成果。尤其在竞争激烈的市场环境中，未注册的知识产权很容易被模仿或盗用，导致创业者失去市场优势和潜在的经济收益。创业者应在创新成果产生的同时，及时办理知识产权注册手续，确保其在法律上的独占权利不被侵犯。投资者在考虑投资一个项目时，通常会关注该项目的知识产权状况。如果知识产权未经过注册，这可能被视为项目缺乏合法保护，降低投资者的信心。未注册的知识产权使得创业者在与投资者谈判时处于不利地位，可能会影响融资的成功率。为了增强项目的吸引力，创业者应在创业初期就积极进行知识产权注册，以展示项目的合法性和稳定性。

注册的知识产权不仅为企业提供法律保护，还能够在市场中建立品牌形象和技术壁垒。拥有注册商标可以防止竞争对手使用类似的商标，避免市场混淆，提升品牌的识别度。专利权的获得则能够阻止他人使用类似的技术，从而确保企业在技术创新方面的领先地位。通过及时注册知识产权，创业者能够有效地保护其市场地位，并利用知识产权为企业创造更多的商业价值。

二、知识产权侵权风险

在项目推进过程中，大学生创业者可能由于对知识产权法律缺乏深入理解，而无意中侵犯他人的知识产权。这种侵权行为不仅包括未经授权使用他人的专利技术、商标或著作权作品，还可能涉及对知识产权的误用或不当使用。即便是无意侵权，也可能引发法律纠纷，并导致经济赔偿，进而影响企业的声誉和财务状况。知识产权法规定了专利、商标和著作权的保护范围和使用条件。如果创业者在项目开发过程中使用了他人的专利技术、商标或创作作品，而未获得合法授权，便会构成侵权。侵权行为可能导致法律诉讼，不仅需要承担赔偿责任，还可能面临声誉损害。为了避免这种情况，创业者应在项目开始前对相关知识产权进行详细的检索和审核，确保项目中的创新和使用内容不会侵犯他人的权利。

如果创业者计划使用他人的专利技术、商标或著作权作品，必须事先获得相应的授权。这包括与知识产权持有人签订许可协议，明确授权的范围、使用方式及期限。合法授权能够避免因未经授权使用知识产权而引发的法律问题，并确保企业在使用这些资源时具有法律保障。在使用第三方的技术时，创业者应与技术提供方达成书面协议，明确技术使用的条款和条件，避免因授权问题引发的纠纷。创业者应建立一个完善的知识产权管理体系，定期审查和评估项目中涉及的知识产权情况。这包括对项目所使用的技术、标识和作品进行定期的合法性审查，确保没有侵犯他人的知识产权。定期的评估可以帮助创业者及时发现潜在的侵权风险，并采取相应的措施进行调整或解决。创业者和团队成员应接受关于知识产权法律的培训，了解各类知识产权的基本概念、保护方式及法律责任。通过培训提高团队对知识产权的认识，能够减少因无知或误解而导致的侵权行为。培训还可以帮助团队成员了解如何合法使用他人的知识产权，并在项目开发中遵循相关法律法规。

三、知识产权管理不善风险

大学生创业者由于缺乏系统的管理经验，可能会面临知识产权管理不善的问题。这些问题包括未能及时更新注册信息、未按规定续费、未妥善保存相关文件等，这些管理失误可能导致知识产权权利的丧失，甚至引发不必要的法律纠纷。知识产权的注册信息，如专利、商标或著作权的持有人信息、地址等，可能因企业变化而需要更新。如果这些信息未能及时更新，可能导致法律文书无法送达，或在法律纠纷中无法有效证明权利的归属。注册信息的更新还关系到企业与合作伙伴、投资者的信任。因此，创业者应建立一个系统的管理流程，确保注册信息在发生变化时能迅速更新，并维护与知识产权相关的所有记录。

专利、商标和著作权的保护通常需要定期续费，以维持其法律效力。如果创业者未按规定时间续费，可能会导致知识产权的保护期结束，从而丧失对相关技术、标识或作品的专有权利。这种失误不仅会让企业面临知识产权丧失的风险，还可能被竞争对手利用。因此，创业者应设立提醒机制，定期检查续费日期，并确保在到期前完成续费，以保障知识产权的持续保护。知识产权相关的文件包括注册证书、申请材料、授权协议等，这些文件是证明知识产权权利的重要依据。若文件保存不当或丢失，可能在法律纠纷中无法提供有效证据，影响企业的合法权益。创业者应建立文件管理制度，将知识产权相关文件妥善保存，并进行数字化备份，以防止数据丢失或损坏。

企业应制定明确的知识产权管理政策，明确责任分工，定期对知识产权进行审查和维护。建立专门的知识产权管理部门或聘请专业顾问，能够帮助企业系统地管理和保护知识产权。这包括定期审查知识产权的状态，处理相关的法律事务，确保所有知识产权得到充分保护和合理运用。

四、知识产权转让风险

大学生创业者可能会面临将知识产权转让给合作伙伴或投资者的情况。这种转让包括专利技术、商标或著作权等。如果转让协议未能明确规定知识产权的范围、权利和义务，可能会导致后续的纠纷或权益受损。因此，为了有效规避这些风险，创业者在进行知识产权转让时需制定详细的转让协议，并咨询法律顾问，以确保协议的合法性和全面性，避免因协议不完整或模糊而引发的争议。一个详尽的知识产权转让协议应包含以下内容：转让的具体知识产权类型、转让的范围、双方的权利与义务、转让的金额及支付方式、转让的时间节点等。明确这些条款能够帮助双方清楚地了解自己的权益和责任，从而减少因理解不一致而产生的纠纷。转让协议中应明确转让的专利是否包含相关的技术秘密或改进权利，商标的使用范围及限制，以及著作权的具体使用权利等。这样的详细约定能够为双方提供法律保障，防止因协议模糊而导致的法律纠纷。

法律顾问能够提供专业的法律意见，审查协议中的条款是否符合相关法律法规，确保协议的合法性和有效性。法律顾问还可以帮助识别潜在的法律风险，并提出改进建议，以保护转让方和受让方的合法权益。通过专业的法律审查，可以避免因法律盲点而造成的不必要的法律风险和经济损失。签署转让协议后，创业者应做好知识产权转让的后续管理工作。这包括完成知识产权权利转移的所有法律手续，如将专利权、商标注册信息更新至新持有人名下，确保知识产权的权利得到正式转移。转让后应及时更新相关的法律文件和记录，保存好转让协议及相关的法律文件，以备将来可能的法律纠纷或证据需求。

为了进一步降低转让风险，创业者应在转让前进行充分的尽职调查。这包括对受让方的信誉、财务状况及其对知识产权的使用计划进行详细了解，确保受让方具备履行协议的能力，并且能够合法使用转让的知识产权。创业者可以有效降低知识产权转让中的风险，保障企业的合法权益。

五、知识产权保护措施不足风险

大学生创业者在创业过程中，常常因为对知识产权保护措施的疏忽，而使得自己的创新成果暴露在竞争对手的威胁之下，甚至可能被盗用。知识产权保护不足的表现包括缺乏有效的保密措施和未实施必要的技术保护手段，这些不足的保护措施可能导致企业面临严重的知识产权侵权问题。因此，制定全面的知识产权保护策略，涵盖从核心技术到商业秘密的各个方面，是提升知识产权保护水平的关键。许多大学生创业者未能有效保护企业的商业秘密，如技术配方、市场策略或客户信息。商业秘密的泄露可能会导致竞争对手获得敏感信息，从而影响企业的市场地位。为了防止这种情况，创业者应制定严格的保密政策，确保所有涉及敏感信息的员工、合作伙伴和第三方签署保密协议。保密协议应详细说明保密信息的定义、使用限制、信息泄露的法律责任等内容，以确保商业秘密的安全性。

在技术领域，未实施必要的保护手段如加密技术、访问控制和数据备份等，可能使得核心技术和敏感数据容易受到攻击或盗用。如果核心技术文档未进行加密存储或传输，黑客可能通过网络攻击获取这些信息。创业者应采用先进的加密技术来保护技术数据，并设置严格的访问权限控制，确保只有授权人员能够接触敏感信息。定期进行数据备份也是保护技术资料的重要措施，以防止因数据丢失或损坏导致的业务中断。创业者可能未能有效保护物理上的知识产权，如实验室中的技术设备或研发中的纸质文件。这些物理资产也需要采取安全措施，如设置安全锁定的储存设施，限制人员的进入权限等。确保技术和数据的物理安全是保护知识产权的基础之一。

创业者应定期对团队进行知识产权保护的培训，提高员工对保密和技术保护的意识。培训内容应包括知识产权的重要性、保护措施的实施方法及违反保密规定的后果等。通过增强员工的知识产权保护意识，可以有效减少内部泄露和保护不当的风险。

六、知识产权法律变更风险

知识产权法律法规的变更是大学生创业者在运营过程中可能面临的一项重要风险。法律的调整和更新可能影响知识产权的保护范围、申请程序及权利的维持条件。如果创业者未能及时了解和适应这些法律变更，可能会导致知识产权保护的漏洞，从而对企业的创新成果和市场竞争力产生负面影响。因此，保持对最新知识产权法规的关注，并及时调整自身的知识产权管理策略，是规避法律变更风险的关键。知识产权法律法规的修订有时会扩大或缩小知识产权的保护范围。某些国家或地区可能对专利保护的技术领域进行调整，或者对商标的注册条件提出新的要求。这种变化可能导致原本有效的知识产权在新的法律框架下不再符合保护标准，从而使创业者失去原有的法律保护。为防止此类情况的发生，创业者应定期跟踪和了解相关知识产权法律法规的变更，确保其知识产权策略和实践与最新的法律要求保持一致。

知识产权的申请和维护程序可能因法律调整而发生变化，如申请材料的要求、审查流程、申请费用等方面的调整。创业者如果未能及时适应这些程序变更，可能会面临申请延误、费用增加或申请被拒等问题。某些地区可能引入新的知识产权审查标准或增加额外的申请步骤，这可能影响到创业者的申请时间和成本。创业者应建立一个监测法律法规变化的机制，并根据新的要求及时调整申请程序，以保证知识产权的顺利申请和维持。法律变更也可能影响到知识产权的权利维持条件。某些法律法规可能规定了新的续费标准或权利维护要求。如果创业者未能及时遵循这些新的要求，可能会导致知识产权权利的丧失。定期审查和更新知识产权管理制度，确保符合最新的法律要求，是防止这种风险的有效方法。创业者可以通过加入行业协会、参加专业培训和研讨会等方式，保持对知识产权法律和政策动态的关注。通过这些渠道，创业者不仅可以获取最新的法律信息，还能够了解法律变更对行业的具体影响，从而做出相应的调整和应对。

第三节　大学生创新创业融资与投资法律风险评估

在大学生创新创业的过程中，融资和投资是实现项目发展的关键环节。然而，融资和投资过程中的法律风险可能对创业者的项目产生重大影响。因此，对大学生创新创业的融资与投资法律风险进行全面评估，对于确保创业项目的顺利推进至关重要。

一、大学生创新创业融资法律风险评估

（一）融资合同的法律风险

大学生创业者在融资过程中通常会签订融资合同，如股权投资协议、贷款合同等。合同条款的不明确或不公正可能带来法律风险。股权投资协议中可能存在对投资者权益过度倾斜的条款，或者对创业者的管理权力限制过多，导致创业者在未来的管理中受到约束。因此，创业者应在签订融资合同前仔细审查合同条款，并建议咨询法律顾问，以确保合同条款公平、明确，并符合自身利益。

（二）融资合法性风险

大学生创业者在融资过程中必须确保融资方式和资金来源的合法性。非法集资、融资诈骗或未经合法批准的融资方式都可能带来法律风险。创业者应确认融资合作方的合法资质，并核实资金来源的合规性。应避免参与任何形式的非法融资活动，以免导致法律责任和财务损失。合法融资不仅能保护企业自身的利益，还能维护创业者的合法权益。

（三）融资协议履行风险

融资协议的履行过程中可能出现违约情况，如资金未按期到位、融资方未履行承诺等。这种违约行为可能导致项目进度延迟或资金链断裂。创业者应在协议中明确各方的权利和义务，并设定违约责任条款，以应对可能的违约风险。定期检查和跟踪融资协议的执行情况，并保持与融资方的良好沟通，可以有效降低履行风险。

（四）股权稀释风险

在融资过程中，股权稀释是一个常见的法律风险。创业者在引入外部投资时，通常需要让渡一定比例的股权，这可能导致现有股东的股权比例降低。为了避免因股权稀释而影响创业者对企业的控制权，创业者应在融资前进行股权结构规划，并在融资协议中明确股权稀释的条款。创业者应评估融资对股东结构的长期影响，确保融资方案能够平衡投资需求与股东利益。

二、大学生创新创业投资法律风险评估

（一）投资合同法律风险

投资合同是投资者与创业者之间的法律协议，明确了双方的权利和义务。投资合同中的条款如果不够清晰或公平，可能导致法律纠纷。投资合同可能包含不合理的退出条款或对投资者权利的过度保护。投资者在签订投资合同时应仔细审

查合同条款,并与创业者明确约定各项权利和义务。咨询法律顾问可以帮助投资者识别潜在风险,并确保合同条款的合法性和公正性。

(二) 投资合法性风险

投资者在进行投资时应确保投资活动的合法性,避免涉及非法集资或其他不合法的投资项目。投资者应核实创业项目的合法性,包括企业的注册情况、经营许可证和知识产权等。同时,投资者还应评估投资项目的合法合规性,确保其在法律框架内运作。合法投资不仅能保护投资者的资金安全,还能降低法律风险。

(三) 投资收益风险

投资收益风险指的是投资项目未能达到预期收益,可能导致投资损失。创业项目的市场前景、运营能力及财务状况都可能影响投资收益。投资者应在投资前进行详细的尽职调查,评估项目的潜在风险和收益。同时,投资者应明确投资合同中关于收益分配的条款,并设立相应的风险预警机制,以应对可能的投资损失。

(四) 法律纠纷解决风险

在投资过程中,可能会发生法律纠纷,如合同纠纷、股东争议等。投资者应在投资合同中明确争议解决机制,包括选择仲裁或诉讼的方式,并约定争议解决的管辖法院或仲裁机构。建立有效的法律纠纷解决机制可以帮助投资者在发生纠纷时快速解决问题,减少对投资项目的影响。

第四节 大学生创新创业人力资源法律风险识别与防范

一、大学生创新创业人力资源法律风险识别

(一) 在大学生创新创业的过程中,签订劳动合同的规范性问题尤为重要

由于初创企业的规模较小,许多创业者往往缺乏足够的法律意识,导致劳动合同的签订不够规范,内容不完整或者条款不明确。劳动关系的不确定性会增加企业与员工之间发生法律纠纷的可能性。创业者应当清楚地认识到,规范的劳动合同不仅是法律的要求,也是保护企业和员工双方权益的重要保障。通过签订合法且详细的劳动合同,可以有效地避免因合同问题引发的争议,从而减少企业在法律层面的风险暴露。确保其内容的合法性,还要注重合同条款的细节。创业者

应当详细了解劳动法及相关法律法规，确保合同中涉及的条款如工作职责、薪酬福利、工作时间、劳动保护等都符合现行法律的规定。还应当避免使用过于模糊的语言，以免在合同履行过程中产生理解上的分歧。为了进一步提高合同的规范性，企业可以聘请专业的法律顾问对劳动合同进行审核，确保合同条款的合法性和完整性。这不仅有助于增强合同的法律效力，还能为企业的长远发展奠定坚实的法律基础。

签订劳动合同的流程和手续也不容忽视。创业者应当按照法律要求履行必要的手续，包括双方签字、合同备案等程序，确保合同的有效性。同时，在合同签订后，企业还应保留相关的合同文本和证据，以备日后可能发生的法律纠纷。对于合同的管理，企业应当建立规范的合同管理制度，定期审查和更新合同内容，确保其符合企业的发展变化和最新的法律要求。企业可以更好地规避因劳动合同签订不规范而带来的法律风险，确保企业运营的合法性和稳定性。创业者还应当意识到，劳动合同的规范性不仅是法律要求，更是企业管理的重要组成部分。规范的劳动合同可以明确双方的权利义务，增强员工对企业的信任感和归属感，从而提高员工的工作积极性和忠诚度。这对于大学生创新创业团队来说尤为重要，因为初创企业在资源有限的情况下，需要通过制度化的管理来提高运营效率，减少不必要的内耗。总之，劳动合同的规范性不仅是规避法律风险的有效手段，也是提升企业管理水平、促进企业健康发展的重要保障。

（二）劳动保护和劳动条件的保障

劳动保护和劳动条件的保障问题往往被忽视。然而，这些问题却是确保员工安全和权益的重要方面，直接影响着员工的工作满意度和企业的法律风险。工作时间的合理安排、工资的按时发放及安全的工作环境是最基本的劳动保障要求，若不符合相关法律法规，创业者可能会面临劳动监察部门的处罚，甚至可能引发员工的法律诉讼。劳动条件的保障涉及多个方面，包括工作环境的安全性、劳动工具的提供，以及必要的劳动保护措施。特别是在一些需要体力劳动或有一定危险性的工作中，创业者必须为员工提供必要的劳动保护设备，如防护服、护目镜等，以确保他们在工作过程中的安全。同时，工作环境的舒适度和安全性也不容忽视，如防火措施、急救设备的配置等。这些都需要创业者进行细致规划和管理，以确保符合法律的要求并保障员工的权益。

除此之外，合理的工资发放和社会保障的提供也是劳动条件保障的重要内容。创业者应当确保员工能够按时足额地领取工资，并且符合当地的最低工资标准。同时，社会保险的缴纳如养老保险、医疗保险等也是不可或缺的部分。这些措施不仅仅是法律的强制要求，更是企业吸引和留住优秀员工的重要手段。如果创业者忽视这些基本的劳动保障，可能会导致员工的不满和流失，甚至可能引发集体诉讼，给企业带来不必要的麻烦和损失。创业者还需要关注员工的身心健康，建立合理的工作制度，防止员工过度疲劳或承受过大的工作压力。适当的休息时间和合理的工作负荷不仅有助于员工的身体健康，也能提升工作效率和工作质量。企业可以通过定期的员工满意度调查和健康检查来了解员工的工作状态和健康状况，及时调整工作安排，改善劳动条件。对于特殊群体，如孕妇或有健康问题的员工，企业还应当提供适当的工作调整或休假安排，以符合法律规定并体现企业的人文关怀。通过这种全面的劳动保护和条件保障，大学生创业者不仅可以有效地防范法律风险，还能为企业营造一个良好的工作氛围，促进企业的持续发展。

（三）知识产权的归属和保护

知识产权的归属和保护问题常常成为团队关注的焦点。这些知识产权包括专利、商标、著作权等，它们是团队创新成果的重要体现。然而，由于团队成员间的关系紧密且合作频繁，如果在初期没有明确知识产权的归属，日后可能会出现争议，甚至引发法律纠纷。这些纠纷不仅可能破坏团队的凝聚力，还可能影响企业的发展。因此，创业者应在项目初期就明确知识产权的归属，确保每位成员的贡献和权益都得到公正对待。知识产权的保护不仅要明确归属的问题，更要清楚如何有效地防止侵权行为。大学生创业团队往往在创新过程中会生成大量具有商业价值的知识产权，如果这些成果得不到有效保护，可能会被竞争对手或其他外部人员非法使用，给企业造成经济损失。因此，创业者应当熟悉知识产权的相关法律法规，采取必要的措施，如申请专利、注册商标和著作权，来保护自己的创新成果。团队内部也应当签署保密协议，防止内部成员将核心技术或商业秘密泄露给外部，损害企业的利益。

对于大学生创业团队来说，管理知识产权的过程往往是复杂的，因为它不仅涉及技术领域的创新，还包括法律层面的维护和商业上的应用。创业者应当建立完善的知识产权管理制度，定期对现有的知识产权进行盘点和评估，并及时申请新的知识产权保护。这不仅有助于保护企业的无形资产，也可以增强企业的市场竞争力。创业团队应当了解不同类型知识产权的保护期限和地域限制，并根据实际情况进行相应的管理，确保企业的知识产权能够在全球范围内得到有效保护。知识产权不仅仅是企业的无形资产，更是企业盈利的重要来源之一。创业者可以通过授权、转让、合作开发等方式，将知识产权转化为经济效益，助力企业的发展。同时，在商业化过程中，创业者应当避免侵犯他人的知识产权，确保企业的经营活动符合法律规定。大学生创业者不仅可以有效地保护和管理知识产权，还可以将其转化为企业发展的强大动力，实现创业的最终目标。

（四）用人制度的合法性

由于初创团队往往缺乏经验和法律知识，容易在制定用人制度时忽略相关的法律规定。考核标准不明确、奖惩制度不公正等问题可能会频繁出现，导致员工的不满甚至法律纠纷。创业者必须意识到，用人制度不仅是管理员工的工具，更是维系企业内部秩序和提升团队凝聚力的重要手段。因此，团队在制定用人制度时，应充分考虑法律要求和员工权益，避免潜在的法律风险。创业者在制定用人制度时，必须确保其合法性以避免违反劳动法及其他相关法规。薪酬制度应当符合最低工资标准，工作时间应合理安排，且需遵循劳动合同法的相关规定。这不仅能保障员工的基本权益，还能树立企业的良好形象，提升员工对企业的信任感和忠诚度。创业者应当建立透明且公平的考核和奖惩制度，通过明确的绩效标准和公正的评估机制，激励员工努力工作，避免因制度不公引发的内部矛盾。

在制度设计过程中，创业者应当注意规避可能引发法律纠纷的风险。企业在裁员、降薪或其他涉及员工切身利益的决策时，应当严格遵循法律规定，并提前与员工进行充分沟通，以避免突发性矛盾的产生。对于新员工的招聘，也应严格按照法律程序进行，包括签订合法的劳动合同、提供必要的岗位培训等，以确保用人制度的合规性和合理性。企业不仅能够提升管理水平，还能有效防范因用人制度不当而引发的法律风险。创业者还应定期对用人制度进行审查和调整，确保其与时俱进，符合企业的发展需求和法律的变化。随着企业的扩展和市场环境的变化，用人制度可能需要进行相应的更新，以适应新的管理要求。同时，创业者应积极听取员工的反馈，通过沟通和协商不断完善制度，以提高其合法性和适用性。这样不仅能够增强企业的法律合规性，还能提升员工的满意度和工作积极性，为企业的可持续发展奠定坚实的基础。

（五）劳资纠纷的预防

创业者通常在初期专注于业务发展和市场开拓，往往忽略了劳资关系的管理。然而，一旦出现如工资拖欠或辞退补偿不足等问题，不仅会引发员工的不满，还可能导致法律诉讼，给企业带来经济损失和声誉上的负面影响。因此，创业者应当在用人过程中严格遵守法律法规，确保劳动合同和工资发放的合法性，避免因管理不善而引发的劳资纠纷。创业者应当从制度设计上入手，确保企业的薪酬制度、工作时间安排及员工福利政策都符合劳动法的要求。特别是在企业面临经营困难或需要调整人员结构时，应当充分考虑员工的利益，通过合法途径进行裁员或薪酬调整，避免单方面行动导致的法律风险。通过合理的制度设计和有效的沟通机制，可以在源头上减少劳资纠纷的发生，为企业的稳定发展提供保障。

在处理员工关系的过程中，及时沟通和透明管理是预防劳资纠纷的重要手段。

创业者应当建立起畅通的沟通渠道，鼓励员工表达意见和建议，并对员工的合理诉求给予及时回应。通过定期召开员工会议或设立匿名意见箱等方式，创业者可以了解员工的实际情况和心理动态，及时调整管理措施，以防止矛盾的积累和激化。同时，对于已经出现的劳资矛盾，企业应当迅速采取行动，尽量通过协商或调解的方式解决问题，避免事态扩大到需要法律介入的地步。大学生创业企业往往缺乏法律经验，容易在处理复杂劳资关系时出现失误。为此，聘请专业的法律顾问可以帮助企业在制度设计、合同管理及纠纷处理等方面提供专业建议，确保企业的用人决策符合法律要求。企业还应当定期组织相关法律知识的培训，提升管理层和员工的法律意识，以共同维护良好的劳资关系。大学生创业企业可以有效降低劳资纠纷的发生率，保障企业的长远发展和员工的合法权益。

二、大学生创新创业人力资源法律风险防范

（一）规范劳动合同的签订和管理

创业者需要确保劳动合同的内容全面且合法，包括明确的工作职责、薪酬待遇、工作时间、休假安排等基本条款。这些内容不仅是法律的要求，也是保障员工权益、避免纠纷的重要基础。通过详细的合同条款，创业者可以有效地管理员工期望，避免因合同不明确而产生的争议。创业者还应注意合同中的特殊条款，如保密协议、竞业禁止条款等，以保护企业的核心利益。创业者应确保在合同签订过程中履行必要的手续，包括合同文本的双方签署、签字日期的明确标注、合同副本的妥善保存等。这样的程序性细节不仅可以确保合同的合法性，还能在出现法律纠纷时提供有力的证据支持。尤其是在创业初期，团队往往规模较小，事务繁杂，但即便如此，创业者仍需谨慎处理合同的签订和管理工作，以避免因疏忽导致的法律风险。

除了合同的初次签订，创业者还需定期审查和更新劳动合同，以确保其内容符合最新的法律要求和企业的实际运营情况。随着企业的发展壮大，可能会面临组织结构调整、员工岗位变化等情况，这时如果仍沿用旧合同，可能会导致合同内容与实际情况不符，增加法律风险。因此，创业者应在法律顾问的指导下，定期对劳动合同进行审查和调整，确保其条款的合法性和适用性。同时，在法律法规发生变化时，如劳动合同法的修订，企业应及时更新合同内容，以保持合同的合法性和时效性。为了进一步规范劳动合同的管理，企业还应建立完善的合同管理制度。这包括合同的分类存档、签订流程的标准化、合同内容的定期审查和更新等。通过系统化的管理，企业不仅可以提高合同管理的效率，还能在出现合同纠纷时迅速查找到相关文件，为法律维权提供依据。创业者也应重视合同管理人

员的培训，确保他们具备必要的法律知识和管理技能，以专业化的管理方式维护企业的合法权益和管理秩序。大学生创业团队可以有效降低因劳动合同不规范带来的法律风险，为企业的健康发展保驾护航。

（二）建立健全劳动保护机制

创业者应当优先考虑为员工提供必要的劳动保护工具。无论是在制造业、建筑业，还是在办公环境中，合理的劳动保护设备如安全帽、防护手套、防护眼镜等，都是必不可少的。这些工具不仅能够有效减少员工在工作中受伤的风险，还能增强员工对企业的信任和满意度，进而提升工作效率。同时，创业者还应确保这些保护工具的质量合格，定期进行检查和更换，以保障员工的持续安全。创业者应当遵循法律法规的要求，避免过度加班和超时工作，以确保员工有足够的时间休息和恢复。合理的工作时间不仅有助于提高员工的身体健康，也能提升他们的工作积极性和创造力。尤其是在高强度或高风险的工作环境中，适当的休息时间对于减少疲劳导致的工伤事故尤为关键。因此，创业者应制定科学合理的工作时间表，并且根据实际情况灵活调整，以满足员工的需求和企业的生产效率。

创业者应确保员工的薪酬符合行业标准和法律规定，并及时发放工资，以免因拖欠工资引发劳资纠纷。创业者还应为员工提供必要的福利保障，如医疗保险、工伤保险等。这不仅是法律的要求，更是体现企业社会责任的重要方式。通过完善的福利制度，企业可以增强员工的归属感和忠诚度，从而减少因福利不足而导致的员工流失率和法律风险。创业者还应加强对员工的劳动保护意识和安全培训。这包括定期组织安全培训课程，提高员工的安全防范意识和应急处理能力。创业者还应建立健全的事故应急预案，确保在意外发生时能够及时采取有效措施，减少人员伤亡和财产损失。通过这样的培训和预案，企业不仅能有效预防和应对可能的安全隐患，还能提升员工的安全感和信任度，从而促进企业的稳定发展。建立健全的劳动保护机制，不仅能够降低企业的法律风险，还能为员工创造一个安全、健康、和谐的工作环境，这对于企业的长期发展至关重要。

（三）加强知识产权管理

创业者应当制定明确的知识产权管理制度，以保障团队成员在创新过程中产生的知识产权归属明确。这不仅可以防止内部纠纷的产生，还能为企业的长远发展奠定坚实的基础。明确的管理制度应涵盖知识产权的申请、维护和使用等各个方面，确保所有创新成果都能得到法律保护。通过制定详细的规章制度，创业团队可以有效规避知识产权纠纷，为企业的持续创新提供保障。保密协议可以防止团队成员将重要的技术或商业机密泄露给外部竞争对手，从而保护企业的核心竞争力。知识产权归属协议则可以明确团队成员在创新过程中对知识产权的贡献和权利分配，避免日后因归属不清而引发的法律纠纷。这些法律文件不仅具有法律约束力，还能增强团队成员对企业的信任感和责任感，促进企业内部的和谐与稳定。

创业团队还应当定期进行知识产权管理的培训和教育。通过这样的培训，团队成员可以了解最新的知识产权法律法规，掌握知识产权申请和保护的基本技能。这对于初创企业来说尤为重要，因为团队成员往往来自不同的专业背景，缺乏对知识产权管理的系统认识。通过系统的培训，创业团队可以提高整体的知识产权管理水平，减少因无意间违反知识产权法律法规而带来的风险。同时，这也有助于增强团队成员的法律意识和维权能力，确保创新成果得到应有的保护。随着企业的发展和技术的进步，原有的知识产权管理制度可能不再适用，因此，需要根据实际情况进行调整和完善。创业者应当根据团队的成长和市场环境的变化，定期审视现行的管理制度，并在必要时做出相应的调整。这样不仅可以确保管理制度的时效性和适用性，还能及时发现和处理潜在的知识产权问题，避免因管理不善而造成的法律纠纷。创业团队可以有效地加强知识产权管理，确保企业在激烈的市场竞争中占据优势地位。

（四）完善用人制度和管理

创业者应当建立一个合理且合法的用人制度，这不仅是为了符合劳动法律法规的要求，更是为企业的长远发展打下坚实的基础。用人制度应当涵盖招聘、考核、奖惩等多个方面，通过明确的规定来规范企业的人力资源管理。这种规范化的管理方式可以帮助创业者更有效地调动员工的积极性，确保企业团队的稳定性和凝聚力。创业者在制定和实施用人制度时，必须确保所有员工能够清楚地理解制度的内容和执行标准。透明的招聘流程、公正的考核标准及明确的奖惩制度不仅可以增强员工对企业的信任感，还能有效避免内部矛盾和冲突的产生。尤其是在考核和奖惩方面，创业者应当制定科学合理的评价标准，并通过公开的方式进行结果反馈，确保每一位员工都能感受到公平和公正。这不仅能够激发员工的工作积极性，也能为企业创造一个积极向上的工作氛围。

创业者还需要认识到，随着企业的发展和市场环境的变化，用人制度也需要进行相应的调整和优化。初创阶段的企业往往面临着快速变化的市场环境，员工的岗位职责、工作内容及企业的管理需求都可能发生改变。因此，定期评估和调整用人制度是保持企业管理灵活性的重要手段。通过评估现有制度的实施效果，发现其中的不足之处，及时进行修改，可以帮助企业更好地适应市场的变化。创业者应当鼓励员工对现行制度提出建议和意见，通过这些反馈信息不断改进和完善用人制度。这种双向沟通不仅可以让员工感受到他们的声音被重视，也能帮助企业在制度设计和实施中更贴近员工的实际需求。通过不断优化和调整用人制度，企业不仅能够提升管理效率，还能增强员工的归属感和工作满意度，为企业的长期稳定发展奠定基础。

（五）积极预防和处理劳资纠纷

创业者应当注重与员工之间的沟通。这种沟通不仅仅是上下级之间的信息传达，更是了解员工需求、倾听员工心声的重要途径。通过建立畅通的沟通渠道，创业者可以及时获取员工的反馈和建议，从而提前识别可能存在的问题。这种积极的沟通方式有助于减少误解，防止小问题演变成大矛盾，进而有效预防劳资纠纷的发生。创业者应当重视员工提出的合理诉求，特别是在涉及工资待遇、工作条件等切身利益的问题上。如果员工的合理要求得不到及时回应和解决，可能会导致不满情绪的积累，进而引发集体性的劳资冲突。因此，创业者应当制定明确的处理流程，在合理的时间内对员工的诉求做出回应，并采取切实可行的措施解决问题。这样的做法不仅能够提升员工的满意度，还能增强企业的凝聚力和向心力。

当劳资纠纷已经出现时，创业者应当采取合法、有效的处理方式。应当尝试通过内部协商的方式解决问题，双方通过沟通达成一致意见。如果协商未果，创业者可以考虑通过仲裁等合法渠道来解决纠纷。这种方式不仅可以避免纠纷进一步激化，还能减少对企业正常运营的影响。通过合法渠道解决纠纷，能够确保企业和员工的权益都得到合理保护，防止因纠纷处理不当而进一步引发法律诉讼。创业者还应意识到预防和处理劳资纠纷是一个持续性的过程，需要不断完善和改进。企业应当定期审视现有的用人制度和管理流程，发现可能引发纠纷的风险点，并提前采取预防措施。同时，应加强对管理层和员工的法律知识培训，提高全员的法律意识和风险防范能力。企业可以建立起一个和谐、稳定的劳资关系，为企业的长远发展提供有力保障。

第四章　大学生创新创业中的法律合规管理

第一节　大学生创新创业项目合法注册与备案

一、大学生创新创业项目合法注册

（一）选择合适的注册形式

在大学生创新创业的初期，选择合适的注册形式是迈向成功的第一步。创业者首先需要根据项目的性质和规模来确定适合的企业形式。有限责任公司、合伙企业和个体工商户是几种常见的注册形式，每一种形式都有其独特的优势和适用范围。创业者应充分考虑自己的创业计划，仔细评估哪种形式最能满足项目需求，既要符合业务发展目标，也要兼顾未来的运营管理。有限责任公司通常是团队创业者的首选。这种企业形式能够有效分散风险，因为股东仅以其出资额为限对公司债务承担责任。同时，有限责任公司在组织结构上更加规范，便于进行权责分工和管理。如果创业团队规模较大，且希望将来能够吸引外部投资，那么，有限责任公司无疑是一个理想的选择。这种形式在融资和股权结构调整上也具有一定的灵活性，能够更好地支持企业的长远发展。

对于那些规模较小、运营相对简单的项目，个体工商户可能是更为合适的选择。个体工商户的注册手续简单，成本较低，非常适合资金有限、独立创业的大学生。这种形式的企业在税务和管理上的要求相对宽松，可以为创业者节省不少的时间和精力。然而，个体工商户也存在一定的局限性，比如个人对企业债务承担无限责任，以及融资渠道较为有限。因此，创业者在选择个体工商户之前，应当充分评估自己的风险承受能力和未来的业务扩展计划。合伙企业也是一种值得考虑的注册形式，尤其是当创业者希望与其他人合作时。这种形式允许多个合伙人共同出资、共同经营，并分享利润和风险。合伙企业可以分为普通合伙和有限合伙，前者的所有合伙人都对企业债务承担无限责任，而后者的有限合伙人则仅以其出资额为限承担责任。因此，创业者在选择合伙企业形式时，需明确合作伙伴之间的责任分担和权利义务，确保合作的稳定性和持续性。

无论选择何种注册形式，创业者都应充分了解每种形式的法律要求和税务义务。通过仔细分析和权衡，大学生创业者可以做出最符合自身条件和市场需求的决策，确保企业能够在激烈的市场竞争中立于不败之地。

（二）准备必要的注册材料

创业者需要根据当地工商行政管理部门的要求，准备并提交所有必要的文件和证明材料。这不仅是法律规定的必要程序，也是企业未来合法运营的重要保障。创业者在准备这些材料时，必须仔细核对每一项要求，确保所有文件的内容和格式都符合规定，以避免因材料不完整或不符合标准而导致的审批延误。公司章程是企业内部治理的基本文件，它规定了公司的组织结构、经营范围、管理规则等关键内容。股东协议则详细说明了各股东之间的权利和义务、股权分配、利润分配方式，以及如何处理潜在的冲突。这些文件不仅要明确具体的条款，还需要符合相关法律法规的要求。通过详细、清晰的公司章程和股东协议，创业者可以确保公司内部的运作有章可循，减少未来可能出现的内部纠纷。

注册资本证明是企业实力的象征，也是在某些特定行业中获得许可的必要条件。创业者应根据企业的规模和业务需求合理确定注册资本，并按规定提供相应的证明文件。法定代表人身份证明则是确定公司合法代表人的依据，该文件必须真实、有效，并经过相关部门的审核。在准备这些材料时，创业者应确保信息的准确性和合法性，以避免不必要的麻烦和法律风险。创业者应当了解当地工商行政管理部门的工作流程和时间安排，确保在规定的期限内提交所有必需的文件。提前准备好所有材料，并按照要求的格式和顺序整理，可以大大提高注册申请的通过率。为了进一步确保注册过程的顺利进行，创业者可以考虑寻求专业法律或注册代理机构的帮助，以确保所有材料的准备和提交都符合规范。

准备齐全的注册材料不仅可以加快企业注册的审批进程，还能为创业项目的顺利启动奠定坚实的基础。创业者通过精心准备和周密规划，可以有效避免因材料不足或不规范而导致的延误和困扰，确保企业能够按计划投入运营。总之，充分准备注册材料是创业者迈向成功的重要一步，也是企业合规运营和持续发展的必要条件。

（三）办理税务登记和银行开户

在完成工商注册后，办理税务登记是创业者必须进行的下一步。这一过程至关重要，因为税务登记不仅是企业合法经营的前提条件，也是企业履行纳税义务的重要环节。创业者应当在领取营业执照后，按照规定的时间要求，尽快前往税务部门办理相关手续。通过税务登记，企业可以获得税务登记证，这将为日后的税务申报、发票开具等税务事项提供必要的依据。税务登记的及时办理，不仅可以确保企业合法合规经营，还能有效规避因税务问题而导致的法律风险。税务登记的办理还涉及企业的税种认定。创业者需要根据企业的经营范围和业务性质，向税务部门申报并认定需要缴纳的税种，如企业所得税、增值税等。创业者应当详细了解不同税种的申报和缴纳方式，确保在日后的税务管理中能够按时、准确地履行纳税义务。税务登记的规范化管理不仅有助于企业维持良好的财务状况，还能够提升企业的信用等级，为未来的融资和发展奠定良好的基础。

除了办理税务登记，创业者还需要为企业开立银行账户。企业银行账户是企业日常资金管理和交易的基础工具，通过银行账户，企业可以进行收付款操作、管理日常资金流动，并确保财务管理的透明性和规范性。创业者应选择一家合适的银行，根据银行的要求提供相关文件，如营业执照、税务登记证、法定代表人身份证明等，完成企业银行账户的开立。开立银行账户不仅便于企业的资金管理，还能为企业的财务报表和税务申报提供重要的资金流动记录。企业银行账户的开立还有助于提升企业的商业信用和交易便利性。企业可以开具支票、进行国际汇款、申请贷款等，为日后的业务扩展和资本运作提供有力支持。企业还可以通过银行账户管理现金流，合理安排收入与支出，确保企业的财务健康。合理的资金管理不仅有助于提升企业的运营效率，还能为企业的发展提供稳定的资金保障。

（四）获取必要的行业资质

每个行业都有其特定的法律要求和监管标准，创业者需要根据项目的具体性质，明确所需的行业资质或许可证。这些资质的获取不仅是满足法律合规性的要求，也是为企业在市场中建立信誉和保障消费者权益的重要手段。创业者应当在项目启动之前，充分了解相关行业的资质要求，确保在正式运营前具备必要的许可和认证。另外，获取行业资质的过程通常涉及多个环节，包括提交申请、现场审核、领取证书等。创业者在办理这些手续时，需要准备好相关的材料和证明文件，如营业执照、卫生合格证明、人员资质证明等。每个行业的资质要求不同，申请流程和时间也有所差异，因此，创业者应提前规划，留出足够的时间来完成这些手续。通过及时获取行业资质，创业者可以确保项目顺利启动，并避免因无证经营而面临的法律处罚或市场禁入风险。

　　行业资质不仅是法律的要求，还是企业在市场竞争中获取信任的关键因素。消费者在选择服务或产品时，往往会优先考虑具有合法资质的企业，因为这些资质证明了企业在行业内的专业性和合法性。对于企业而言，具备相应的行业资质也能提升品牌形象，增加市场竞争力。特别是在高度监管的行业，如医疗、教育、金融等领域，资质认证更是企业进入市场的"通行证"。因此，创业者应高度重视行业资质的获取和维护，以确保企业在市场中占据有利位置。某些行业的资质证书需要定期续期或进行年度检查，创业者必须及时跟进这些要求，确保资质的有效性不受影响。随着企业的发展和业务的扩展，创业者可能需要申请新的资质或对现有资质进行升级。因此，持续关注行业监管政策的变化，并及时调整企业的资质认证，是确保企业长期合法运营的重要举措。

　　获取必要的行业资质不仅是法律合规的基本要求，也是确保项目合法经营的重要保障。创业者通过提前规划和精心准备，可以顺利完成资质的申请和认证过程，为企业的正式运营铺平道路。合法资质的获取和维护不仅能提升企业的市场信誉，还能为企业的长远发展提供坚实的法律和商业基础。

（五）持续遵循法律

　　在完成企业注册并正式启动项目后，持续遵循法律法规是大学生创业者必须关注的重要任务。企业的合法运营不仅依赖于初期的注册和资质获取，更需要在日常经营中严格遵守相关的法律要求。按时提交年度报告、依法纳税以及遵守劳动法等，都是确保企业维持合法身份的基本义务。年度报告不仅反映了企业的经营状况，也是政府部门对企业进行监管的重要依据。创业者应确保年度报告的内容真实、准确，并按时提交给相关部门。企业不仅能够保持良好的法律合规记录，还能提升在政府和合作伙伴眼中的信誉度。同时，及时完成年度报告的提交可以避免因延误或遗漏而导致的法律处罚和经济损失。

　　依法纳税是企业在运营过程中必须履行的基本责任。无论是企业所得税、增值税，还是其他地方性税种，创业者都应按照国家和地方的税收政策，及时、足额地履行纳税义务。税务合规不仅能够避免企业面临税务部门的罚款和调查，还能为企业的发展创造一个稳定的财务基础。通过严格的税务管理，创业者可以确保企业的财务透明性，并在必要时获取税务部门的支持和优惠政策。创业者需要确保企业的用人制度、员工福利、劳动合同等方面都符合现行法律的要求。这不仅有助于建立和谐的劳资关系，还能有效防止因劳资纠纷引发的法律诉讼。通过定期审查企业的运营状况，创业者可以及时发现和纠正可能存在的合规问题，确保企业始终处于法律框架内的健康发展轨道上。

　　随着政策环境和市场条件的变化，相关法律法规可能会不断更新或调整。创业者应保持对法律动态的敏感性，及时调整企业的经营策略和管理制度，以确保持续合规。通过这种积极的法律合规管理，企业不仅能够有效规避法律风险，还能在不断变化的市场环境中保持竞争优势，推动项目的持续健康发展。

二、大学生创新创业项目合法备案

（一）了解备案要求和流程

　　在启动创业项目之前，大学生创业者需要首先了解所在地区的备案要求和流程。这一环节至关重要，因为不同地区和行业的备案要求往往各不相同。如果创业者未能准确掌握相关政策法规，可能会导致备案工作的滞后，进而影响项目的整体进度。因此，创业者应当主动收集和研究相关的法规文件，确保对备案要求有全面了解。这种提前的准备工作不仅能使备案过程更加顺利，还能为项目的合法运营奠定基础。通常情况下，备案流程包括多个环节，如提交项目计划书、填写备案表格、提供相关证明文件。每个环节都可能对材料的完整性和准确性有严格的要求。创业者在准备材料时，应当仔细核对所需文件的内容和格式，确保所有材料都符合备案部门的要求。同时，对于不明确的流程或文件要求，创业者应及时向相关部门咨询，以避免因材料准备不足或不符合规定而导致的备案失败。

　　备案过程可能涉及多个部门的审批和多次的材料提交，整个过程可能会耗费一定的时间。因此，创业者应当在项目启动前留出足够的时间进行备案工作，并合理安排其他项目准备事项，以确保项目进度不受影响。同时，创业者还应做好资源的规划，如人力资源的安排、资金的准备等，以支持备案工作的顺利开展。了解备案要求和流程不仅是确保项目合法性的必要步骤，也是创业者展示专业性和合规意识的体现。通过全面了解备案流程，创业者可以更好地管理项目的启动阶段，避免因备案问题而遭遇法律和行政障碍。这种对法规的重视和对流程的严格遵循，不仅能提高项目的成功率，还能为项目未来的发展提供坚实的法律保障。

（二）准备备案所需材料

　　创业者首先需要提交企业的基本信息，这是备案的基础部分。这些信息通常包括企业的名称、注册地址、法定代表人、注册资本等。确保这些信息的准确性和完整性是至关重要的，因为任何错误或遗漏都可能导致备案申请的延误或被拒绝。创业者应当仔细核对每一项信息，确保所有提交的文件都符合备案机构的标准和要求。项目计划书应详细描述企业的经营内容、发展目标、市场分析和实施方案。创业者在撰写项目计划书时，应充分考虑项目的可行性和市场前景，并提供详细的数据和分析来支持计划书的内容。一个完善的项目计划书不仅能够展示创业者对项目的深入理解，还能提升备案机构对项目的信心，从而加快备案的审批过程。

根据不同行业的特点，备案还可能需要提供特定的证明文件。这些文件可能包括环保评估报告、安全生产许可、行业准入资格等。创业者应提前了解所从事行业的特殊要求，确保所有必要的文件都已准备妥当。对于涉及环境保护的项目，环保评估报告是必须提交的文件之一，创业者需要与专业机构合作，进行环境影响评估并获得相应的报告。这些文件不仅是备案的必要材料，也是确保项目合法合规的重要保障。同时，创业者还应当关注备案过程中可能涉及的资金来源问题。备案机构通常要求提供资金来源的证明文件，以确保项目的资金来源合法、透明。这些证明文件可能包括银行存款证明、投资协议、股东出资证明等。创业者应确保资金的合法性和资金链的清晰性，以免因资金问题导致备案失败。

通过系统化的整理和充分的准备，创业者可以避免在备案过程中因材料不足或不符合要求而导致的反复提交和延误。一个完整、详尽的材料包不仅能够提高备案审批的效率，还能为项目的后续推进提供坚实的基础。总之，创业者在备案前应充分准备所有必要的文件和证明材料，以确保项目能够顺利通过备案审核，并按计划进行。

（三）与相关部门沟通

创业者需要主动与备案机构建立联系，了解备案的具体要求和流程细节。这种主动性不仅能够帮助创业者及时获取所需的信息，还能为备案工作的顺利开展奠定良好的基础。通过与相关部门的有效沟通，创业者可以更加清楚地了解备案过程中可能遇到的挑战和需要注意的事项，从而提前做好准备，避免备案过程中出现不必要的障碍。当在备案过程中遇到不明确的事项或问题时，及时与备案部门沟通显得尤为重要。许多创业者在面对烦琐的备案流程时，可能会遇到各种各样的疑问或难题。此时，主动与相关部门沟通，不仅能够迅速获得准确的指导，还能避免因信息不对称或误解而导致的备案失败。通过这种及时的沟通，创业者可以更好地理解备案的具体要求，确保提交的材料和申请符合规范，从而提高备案通过的可能性。

创业者应保持与备案机构的联系，了解审批的进度和可能需要补充的材料或信息。定期的沟通有助于及时掌握备案的最新情况，防止因审批过程中的延误而影响项目的整体进度。如果备案过程中出现任何问题或需要进一步的澄清，创业者可以通过这种渠道及时回应，确保备案流程的顺利推进。通过有效的沟通，创业者不仅可以确保备案工作的顺利完成，还能为未来的合作打下基础。与政府部门保持良好的互动和沟通，不仅有助于解决当前的备案问题，还能为企业日后的运营提供支持。政府部门在很多情况下也会提供政策指导或资源支持，良好的沟通可以让创业者更好地利用这些机会，推动项目的进一步发展。因此，创业者在备案过程中应注重与相关部门的沟通协调，通过积极互动确保项目的合规性和合法性，为企业的长远发展铺平道路。

（四）备案后的跟进与维护

在完成备案后，创业者不能将备案视为一劳永逸的过程，而是需要持续跟进和维护备案状态。这意味着在项目的经营过程中，如果出现任何变化，如经营内容的调整、组织结构的变动或其他重要信息的更新，创业者必须及时向备案机构报告并更新相关备案信息。这种持续的跟进不仅是法律的要求，也是确保项目运营合法合规的重要保障。通过主动维护备案状态，创业者可以有效规避因信息不准确或未及时更新而导致的潜在法律风险。某些类型的项目在完成初次备案后，可能还需要定期提交运营报告或接受审查。这些要求通常是为了确保项目持续符合行业监管标准，并确保企业在运营过程中遵守相关法规。创业者应当高度重视这些后续要求，并制定相应的内部管理流程，以确保报告和审核工作的按时完成。通过定期提交所需的文件，创业者不仅能够维持项目的合法性，还能展现出企业对合规性的重视和承诺，从而赢得监管机构和市场的信任。

经营范围、股东结构等信息可能会发生变化，如果这些变化未及时反映在备案信息中，可能会引发法律问题或监管部门的质疑。因此，创业者应建立一套完善的信息更新机制，确保任何涉及备案信息的变动都能迅速、准确地向相关部门报告。这种机制不仅有助于保持企业的合法运营，还能提高企业内部的管理效率。通过持续的备案跟进，创业者可以确保项目始终处于合法运营的状态。定期审查和更新备案信息，不仅可以防止因未及时更新信息而导致的法律处罚，还能为企业的发展提供稳定的法律和运营环境。备案的维护工作虽然烦琐，但却是保障企业合规运营的必要措施。创业者应将其视为企业日常管理的重要组成部分，确保项目在整个运营周期内始终符合法律要求，为企业的持续成功奠定坚实基础。

（五）备案的法律与市场优势

合法备案不仅是法律的要求，更是项目合法性和信誉度的重要体现。完成备案后，创业者的项目在法律层面得到了认可，这种合法性标志不仅可以保护企业免受法律风险，还能够在市场上树立起良好的形象。客户和合作伙伴通常更愿意与有合法备案的企业合作，因为这代表了企业的运营合规性和管理透明度。因此，通过完成合法备案，创业者可以有效提升项目的市场信誉，吸引更多的客户和合作机会。备案的完成显著提高了项目在市场上的透明度和合法性，这对企业的长远发展具有深远的影响。在如今竞争激烈的市场环境中，消费者和商业伙伴越来越重视企业的合法性和诚信度。备案不仅能够帮助企业赢得市场信任，还能为企业的品牌建设打下坚实基础。合法备案意味着企业在运营中遵守法律法规，能够确保业务活动的合规性和可靠性，从而为企业赢得更广泛的市场认可和支持。

通过合法备案，创业者还可以更好地参与市场竞争，享受政府和金融机构提供的政策支持和优惠措施。许多政府项目和金融服务，如政府补贴、创业贷款、税收优惠等，往往只向完成备案的企业开放。通过备案，企业能够获得更多的资源和机会来推动项目的发展。备案不仅是进入市场的"通行证"，也是企业获取更多市场资源和政策支持的关键一步。合法备案还能够增强与政府和监管机构的关系，为企业未来的发展提供更多保障。备案完成后，企业的运营活动将更加公开透明，这有助于减少与监管机构之间的摩擦和纠纷。合法备案的企业在面对市场监管和审查时，也更容易获得政府的信任和支持。这种良好的关系可以帮助企业在面对市场挑战时获得更多的政策援助和指导，从而增强企业的竞争力和可持续发展能力。

第二节　大学生创新创业财务与税务合规管理

一、大学生创新创业财务合规管理

（一）建立完善的财务制度

大学生创业者应当首先建立一个完善的财务制度，确保企业的资金流动有章可循。这包括制定明确的财务管理流程，如资金的收支管理、预算编制、成本控制等。通过系统化的财务制度，创业者可以确保资金的合理使用，并且能够有效监控企业的财务状况，及时发现并解决潜在的问题。

（二）依法进行税务申报

财务合规管理的一个重要方面是依法进行税务申报。创业者应当熟悉企业所需缴纳的各种税种，并按时提交税务申报表。准确的税务申报不仅可以避免法律风险，还能树立企业的诚信形象。创业者还应密切关注税收政策的变化，及时调整企业的税务策略，以充分利用税收优惠政策。

（三）确保财务记录的准确性和透明度

透明的财务记录是合规管理的基础。创业者需要确保每一笔交易都有详细的记录，并且这些记录必须准确反映企业的财务状况。这不仅包括收入和支出的记录，还包括资产负债表、现金流量表等重要的财务报表。准确和透明的财务记录可以帮助创业者更好地进行财务分析和决策，同时也为外部审计和监管提供可靠的依据。

（四）定期进行财务审计

为了确保财务合规，创业者应当定期进行内部或外部的财务审计。审计可以帮助发现财务管理中的不足或漏洞，并提供改进建议。通过审计，创业者可以及时纠正财务管理中的错误，确保企业的财务活动符合相关法律法规。这不仅有助于增强企业的财务健康度，还能提高投资者和合作伙伴的信任度。

（五）重视资金的合规使用

创业者在管理企业资金时，必须确保资金的使用符合企业的财务规划和法律规定。这包括合理安排资金用途、避免资金挪用或非法使用等行为。通过严格的资金管理，创业者能够有效降低财务风险，并为企业的可持续发展提供有力的支持。创业者还应根据企业的发展阶段和实际需求，合理规划融资和投资活动，确保资金流的稳定性和合规性。

二、大学生创新创业税务合规管理

（一）熟悉税务法规

大学生创业者需要熟悉相关的税务法规和政策，了解企业所需缴纳的各类税种，如企业所得税、增值税、印花税等。对这些税务法规的理解是税务合规管理的基础。创业者应定期参加税务培训或咨询专业的税务顾问，以确保对最新税务政策的了解和正确应用。

（二）按时申报纳税

创业者应严格遵守税务申报的时间规定，按时提交各类税务申报表。无论是季度申报还是年度申报，都应确保信息的准确和完整。按时申报纳税不仅可以避免因延误导致的罚款和法律风险，还能维护企业在税务机关的良好记录，为企业未来的发展奠定诚信基础。

（三）规范发票管理

创业者应确保发票的开具、接收和保存都符合税务规定。要特别注意发票内容的真实性和合法性，避免虚开发票或使用不合法发票的行为。通过规范的发票管理，创业者可以确保企业的收入和支出记录准确无误，从而降低税务风险。

（四）合理利用税收优惠政策

在税务合规的前提下，创业者还应关注并合理利用国家和地方政府提供的税收优惠政策。许多税收优惠政策是专门针对初创企业和小微企业设计的，可以帮助企业减轻税务负担。创业者应积极了解这些政策，并根据企业实际情况进行合理的税务规划，以最大化税收优惠带来的利益。

（五）建立内部税务风险管理机制

为了确保税务合规，创业者应建立内部的税务风险管理机制。通过定期的内部审查，及时发现并纠正可能存在的税务问题，避免因不合规行为导致的法律处罚。创业者还应鼓励企业内部的财务和税务人员提高税务合规意识，共同维护企业的税务合规性和财务健康。

第三节　大学生创新创业劳动法律合规管理

一、了解并遵守劳动法相关规定

了解并遵守劳动法的相关规定是确保企业合法运营的基础。创业者首先需要深入理解劳动法的基本内容，这包括工作时间、最低工资标准、加班费的计算，以及劳动合同的签订和解除等多个方面。熟悉这些法律条文，不仅能够帮助创业者规避潜在的法律风险，还能为企业的日常管理奠定稳固的法律基础。通过对法律的深入了解，创业者可以更好地制定企业内部的管理制度，确保企业在用人方面做到合法合规。劳动法对工作时间有明确的规定，包括标准工时、加班的上限及休息休假的安排。创业者应确保员工的工作时间符合国家的法律要求，避免因超时工作或不合理加班安排而引发的劳动纠纷。合理安排员工的工作时间不仅能提升工作效率，还能增强员工的工作满意度，进而有助于企业的长远发展。

最低工资标准是劳动法中的另一项重要规定，创业者必须严格遵守。各地的最低工资标准根据经济发展水平有所不同，创业者应及时了解和掌握所在地区的最低工资标准，并确保在薪酬支付中不低于这一标准。通过合法合规的薪酬管理，创业者可以避免因工资问题引发的法律争议，同时也能提升企业在市场中的信誉度。根据劳动法的要求，加班时间的工资计算应高于正常工作时间的工资标准。创业者在安排员工加班时，必须严格按照法律规定计算并支付加班费。这不仅是对员工劳动付出的尊重，也是维护企业合法经营的重要一环。通过合理的加班费支付，创业者可以增强员工的归属感和忠诚度，从而稳定企业的核心团队。

劳动合同是企业与员工之间的法律纽带，合同中应明确双方的权利和义务，包括工作内容、薪酬福利、合同期限等。创业者在签订劳动合同时，必须确保合同条款符合法律规定，并且合同的签订过程要合法、透明。如果需要解除劳动合同，也应按照法律规定的程序进行，避免因非法解除合同而引发的法律诉讼。通过合法合规的合同管理，创业者可以有效维护企业的用工秩序，减少劳动争议的发生。

二、规范劳动合同管理

劳动合同作为企业与员工之间的重要法律文件，明确了双方的权利与义务，因此，必须确保其内容的合法性和完整性。创业者在制定和签订劳动合同时，应当全面涵盖工作职责、工资待遇、工作时间、福利保障等核心内容。通过明确这些条款，企业可以为员工提供清晰的工作预期和保障，同时也为自身的管理和运营提供法律依据。创业者需要在合同中详细规定员工的工作内容和职责范围，这不仅有助于员工明确自己的工作方向，也能避免日后因工作职责不清而产生的纠纷。对于岗位职责的描述应当具体，包括工作任务的范围、工作流程及绩效标准等。企业能够更有效地管理员工的工作绩效，并且在出现争议时，合同中的条款可以作为有效的法律依据。

创业者应当在合同中明确员工的基本工资、奖金制度、加班费计算方式，以及工资发放的周期和方式。工资待遇的明确性不仅能提升员工对企业的信任度，还能避免因薪酬问题引发的劳动纠纷。特别是在涉及加班费和奖金分配时，合同中的具体条款可以帮助员工了解自己的薪酬结构，从而减少不必要的误解和争议。劳动合同中关于工作时间和福利保障的规定也需要清晰明了。工作时间的安排应当符合劳动法的要求，包括每日工作时间、每周工作时间及加班规定等内容。福利保障方面，创业者应当在合同中详细说明员工享有的福利待遇，如社会保险、医疗保险、带薪休假等。这些福利不仅是法律规定的员工权利，也是企业吸引和留住优秀人才的重要因素。通过明确福利保障，企业可以为员工提供更有吸引力的工作条件，同时也为自身的合法运营奠定基础。

创业者在与员工签订合同时，应确保合同的内容符合法律要求，并且在合同签订前详细向员工解释合同条款，确保员工对合同内容有充分理解。签订合同时，双方应亲自签署并保留签字日期，同时，合同应一式两份，双方各执一份。这种签订方式不仅是法律的要求，也是保障合同有效性的关键步骤。创业者应妥善保管劳动合同的副本，以备日后查验。劳动合同是企业处理劳动纠纷的重要证据之一，因此，其保管工作不容忽视。企业应建立完善的合同管理制度，确保所有劳动合同都有明确的存档和管理措施，便于日后查阅和使用。通过规范劳动合同的管理，创业者不仅能够减少法律风险，还能提升企业的管理水平，确保企业与员工之间的法律关系清晰、稳定。

三、建立合理的用人制度

创业者需要在用人制度中涵盖多个方面，包括招聘流程、绩效考核、员工培训和奖惩制度等。通过制定和执行这些制度，企业不仅可以提升管理效率，还能确保用人过程的合法性和公平性。这种系统化的管理能够有效减少因管理不当而引发的劳动纠纷，维护企业的稳定和员工的积极性。创业者应当明确招聘的各个环节，包括职位发布、简历筛选、面试流程、背景调查和录用通知等。招聘流程的透明和规范不仅能帮助企业找到合适的员工，还能确保招聘过程的公平性，避免因歧视或不当操作而引发的法律问题。在职位发布时，创业者应避免使用带有性别、年龄等歧视性条件的用语；在面试过程中，应当以能力和经验为主要考量标准。通过合理的招聘流程，企业可以构建一个多样化、合规性强的员工团队，为企业的发展打下坚实的基础。

创业者应当制定科学、合理的绩效考核标准，并将其与员工的岗位职责、企业目标相结合。绩效考核制度应具有透明度和客观性，通过明确的考核指标和反馈机制，帮助员工了解自身的工作表现和改进空间。这种制度不仅能提升员工的工作积极性，还能为企业的薪酬调整和晋升决策提供依据。值得注意的是，绩效考核应避免主观性过强，以防因考核标准不明或操作不当而引发员工的不满和法律纠纷。通过定期的培训，创业者可以帮助员工提升专业技能和知识水平，确保他们能够胜任工作岗位。同时，培训也是传达企业文化和价值观的重要途径，有助于增强员工的归属感和团队凝聚力。培训内容应与员工的职业发展相匹配，并根据企业的发展需求进行调整。系统的培训计划不仅能提高企业的整体竞争力，还能减少因员工能力不足而导致的管理问题和劳动纠纷。

创业者应当根据员工的绩效和行为表现，制定相应的奖励和惩罚措施。奖惩制度应当公正、透明，并具有一定的灵活性，能够根据具体情况进行调整。奖励可以包括加薪、晋升、表彰等形式，而惩罚则应包括警告、降职、辞退等手段。通过明确的奖惩制度，企业可以有效调动员工的积极性，同时也能规范员工行为，维护企业的纪律和秩序。

四、保障员工的劳动权益

在企业的日常运营中，保障员工的劳动权益是创业者的一项重要职责。创业者必须认识到员工的安全和健康是企业可持续发展的基础。因此，提供必要的劳动保护设备是确保员工安全的首要措施。无论是在工厂车间，还是办公环境中，创业者都应为员工配备符合标准的防护装备，如安全帽、手套、护目镜等，以防止在工作中发生意外伤害。这些保护设备不仅能够有效减少工伤事故的发生，还能增强员工对企业的信任感和忠诚度，从而提高工作效率。创业者应制定详细的安全生产规章制度，并严格监督其执行。这些制度应涵盖各个生产环节的安全操作规范、紧急情况处理流程，以及定期的安全培训和演练。通过定期的安全教育和培训，员工可以提高安全意识，掌握必要的应急处理技能，减少因操作不当或安全意识不足而引发的事故。同时，创业者还应定期检查和维护生产设备，确保设备处于良好的工作状态，防止因设备故障导致的安全隐患。企业可以创建一个安全的工作环境，有效保障员工的生命安全和健康。

社会保险包括养老保险、医疗保险、工伤保险、失业保险和生育保险等，这些保险项目为员工提供了基本的生活保障和医疗保障，减轻了员工在遭遇意外、疾病或其他突发情况时的经济压力。创业者应按照法律规定，为员工缴纳社会保险费，并确保员工能够享受相应的保险待遇。通过依法为员工购买社会保险，企业不仅履行了法律责任，还能提升员工的归属感和工作积极性，降低员工流失率，为企业的发展提供稳定的劳动力支持。现代职场中，员工的心理健康问题日益受到关注，创业者应通过合理的工作安排、灵活的工作时间和开放的沟通渠道，帮助员工缓解工作压力，保持积极的心态。一个良好的工作环境不仅包括物理上的安全和舒适，还包括心理上的支持和关怀。创业者可以通过定期的员工关怀活动、心理咨询服务和团队建设活动，营造一个积极向上的企业文化，增强员工的团队凝聚力和归属感。

保障员工的劳动权益不仅是法律的要求，更是企业社会责任的重要体现。通过切实保障员工的安全、健康和基本权益，创业者可以提升员工的满意度和忠诚度，营造一个和谐的工作环境。这种和谐的工作氛围有助于提高企业的生产效率和创新能力，为企业的长期发展奠定坚实的基础。同时，重视员工权益的企业往往在市场上拥有更高的信誉度和吸引力，能够吸引更多优秀人才的加入，推动企业不断迈向新的发展高度。综上所述，保障员工的劳动权益不仅有助于企业的稳定运营，还能为企业的持续成长提供强大的动力。

五、处理劳动争议的合法途径

为有效应对这些挑战，创业者必须了解并遵循合法的劳动争议处理途径。协商是解决劳动争议的首选方式。在许多情况下，争议双方可以通过直接对话找到共同点，达成双方都能接受的解决方案。协商的优势在它的灵活性和非正式性，不需要外部干预，这使得双方能够更快、更经济地解决问题。调解通常由第三方中立机构或个人进行，他们的角色是帮助争议双方找到一个公正的解决方案。调解的过程相对轻松，成本较低，且比仲裁或诉讼更具灵活性。在调解过程中，调解员通过分析双方的立场和利益，提出建议并引导双方达成一致意见。调解的优势在于能够通过非对抗性的方式解决争议，避免激化矛盾，并为双方节省时间和精力。

当协商和调解都无法解决争议时，仲裁成为一个更加正式的解决途径。仲裁由专业的仲裁机构进行，仲裁员根据双方提供的证据和陈述做出裁决。与诉讼相比，仲裁程序相对简单，处理速度也较快，而且仲裁结果具有法律效力，双方必须遵守。仲裁的另一个优点是保密性较强，能够有效保护企业和员工的隐私。然而，仲裁的费用可能较高且仲裁结果通常是终局性的，双方不得对结果提出上诉。因此，创业者在选择仲裁作为争议解决方式时，需慎重考虑。诉讼是一种正式的法律程序，由法院进行裁决。诉讼的优势在于法院的裁决具有强制执行力，可以为复杂的争议提供权威的法律判决。然而，诉讼程序通常耗时较长，成本较高，而且公开的庭审可能会影响企业的声誉。因此，创业者在决定提起诉讼前，需权衡利弊，并准备好相关证据和法律依据，以确保在法律层面上能够有效维护企业的权益。

在处理劳动争议时，创业者应始终秉持合法、公正的原则。无论选择哪种途径解决争议，都应确保程序的透明度和公平性，尊重员工的合法权益。创业者合理、合法地解决争议不仅有助于维护企业的形象，还能促进企业内部的和谐与稳定。通过合法途径解决争议，企业可以树立负责任的管理形象，增强员工对企业的信任度，减少内部矛盾，为企业的长期健康发展奠定基础。合理处理劳动争议不仅能够维护企业的正常运营，还能为企业营造一个稳定的内部环境。这种稳定性对企业的成长和发展至关重要。通过有效的争议处理，企业可以避免因争议升级而带来的经济和声誉损失，从而提升企业在市场中的竞争力。总之，创业者应具备处理劳动争议的法律知识，并在实践中合理运用这些处理途径，确保企业在面对争议时能够冷静、合法地应对，最终实现企业与员工的双赢。

第四节　大学生创新创业网络安全与数据隐私合规管理

一、大学生创新创业网络安全

（一）理解网络安全的重要性

在当今数字化时代，网络安全对于任何创业项目而言都具有举足轻重的地位。

尤其是对于大学生创业者来说，理解网络安全的重要性是确保企业顺利运营的前提。网络安全不仅涉及企业的数据和信息安全，还深刻影响着客户的信任和企业的声誉。通过深入理解网络安全的关键性，创业者能够更有效地制定和实施相关的安全策略，从而保障企业在面对日益复杂的网络威胁时，依然能够保持稳健运营。随着越来越多的业务转移到线上，数据成为企业最重要的资产之一。无论是客户的个人信息、商业机密，还是交易记录，都需要受到严格保护。如果这些数据遭到泄露或篡改，不仅会给企业带来直接的经济损失，还可能导致难以修复的声誉损害。因此，创业者必须意识到网络安全并非可有可无，而是关乎企业生存与发展的核心要素。只有深刻理解其重要性，才能够在业务发展过程中始终将网络安全放在优先位置。

客户希望自己的数据能够在企业的系统中得到妥善保护，一旦客户的信任被打破，企业将面临客户流失、品牌形象受损的风险。对于创业公司而言，建立并维护客户的信任尤为重要，因为这直接影响到企业的市场竞争力和业务扩展能力。创业者通过理解并重视网络安全，可以采取积极的措施来保护客户的数据，从而增强客户的信任感，为企业赢得更广泛的市场认可。不仅如此，理解网络安全的重要性还可以帮助创业者在市场竞争中脱颖而出。随着全球范围内网络攻击事件的频繁发生，越来越多的消费者和企业对网络安全问题表现出高度的关注。对于那些能够证明其具备强大网络安全能力的企业，客户往往会给予更多的信任和支持。这意味着，创业者通过理解和强化网络安全，可以为企业创造出独特的竞争优势，吸引更多的客户和合作伙伴。

在许多国家和地区，政府对数据保护和网络安全有着严格的法律规定。创业者若未能理解并遵守这些规定，可能会面临法律诉讼和高额罚款，甚至可能被迫终止业务运营。因此，创业者必须将网络安全作为企业管理的一部分，确保其运营活动符合相关法律法规的要求。通过理解网络安全的重要性，创业者不仅能够保护企业免受法律风险，还能增强企业在合规管理方面的能力。创业者在制定企业发展战略时，应将网络安全纳入其中，确保企业的各项业务活动能够在安全的环境下进行。创业者可以更加有针对性地制定和实施安全策略，从而减少网络威胁带来的负面影响。无论是短期的业务安全，还是长期的企业发展，网络安全都起着至关重要的作用。因此，创业者必须充分认识到网络安全的重要性，并将其作为企业运营的核心要素之一，以确保企业能够在激烈的市场竞争中立于不败之地。

（二）建立基本的网络安全防护措施

创业者需要认识到，这些基础性的安全措施虽然简单，但却是抵御常见网络攻击的有效屏障。防火墙能够在内部网络与外部互联网之间建立一道屏障，过滤掉潜在的恶意流量和未经授权的访问。通过配置和管理防火墙，创业者可以有效防止黑客通过网络端口对企业系统进行非法入侵。同时，安装并定期更新杀毒软件是企业保护其网络环境免受病毒、恶意软件和其他网络威胁的重要手段。杀毒软件能够实时监控网络流量和文件活动，自动检测并隔离可疑的恶意程序。为了确保杀毒软件的有效性，创业者应确保其安装在所有关键系统和设备上，并定期更新病毒库，以应对不断演变的网络威胁。通过保持杀毒软件的更新，企业能够有效防范新的网络攻击方式，确保网络环境的安全和稳定。

弱密码是黑客攻击的主要目标之一，创业者必须要求员工使用复杂的密码组合，包括大小写字母、数字和特殊字符，避免使用容易被猜测的简单密码。企业应定期强制更改密码，并使用多因素身份验证（Multi-factor authentication，简称 MFA）来增强系统访问的安全性。创业者可以有效减少因密码泄露而导致的安全风险，保护企业的核心数据和信息。许多网络攻击是通过利用过时的软件漏洞进行的，因此，保持软件和系统的更新是确保网络安全的必要手段。创业者应建立系统更新的日程安排，确保所有的软件和操作系统都在第一时间获得最新的安全补丁。这不仅能修复已知的安全漏洞，还能增强系统的整体防御能力，阻止潜在的入侵行为。

许多设备和软件在初次安装时的默认设置往往存在安全隐患，创业者应根据企业的实际需求进行定制化配置，关闭不必要的服务和端口，并强化网络访问权限管理。企业可以减少网络暴露面，降低被攻击的风险。基础性的网络安全措施还应包括定期的安全检查和测试。创业者应定期进行网络安全审计，检查系统配置是否符合安全标准，并通过模拟网络攻击测试（如渗透测试）来评估企业网络的防御能力。通过持续的安全评估，企业能够及时发现并修复潜在的安全漏洞，保持网络环境的稳固性和安全性。

（三）加强数据加密与保护

在当今信息化时代，数据已经成为企业最宝贵的资产。尤其是涉及客户信息和商业机密的数据，其安全性直接关系到企业的声誉和市场竞争力。因此，创业者应高度重视数据的加密与保护。采用先进的数据加密技术，是防止数据在传输和存储过程中被非法访问或窃取的重要手段。通过加密技术，即使数据被截获，企业也能确保其无法被未经授权的第三方读取或使用，从而提升数据的安全性。为了实现数据的全面保护，创业者需要在数据传输和存储的各个环节中都实施加密措施。在数据传输过程中，使用 SSL（Secure Sockets Layer，安全套接层）或 TLS（Transport Layer Security，传输层安全）协议可以确保数据在网络中传输时的安全性。这些协议通过加密数据包，使得黑客即使截获数据流，也难以解密和利用其中的信息。企业在与客户和合作伙伴进行数据交换时，应采用安全的加密通信渠道，防止敏感信息在传输过程中被泄露。

创业者应采用强大的加密算法，对存储在服务器、数据库和其他存储介质上的数据进行加密处理。特别是对于涉及客户个人信息和商业机密的数据，应采取更高级别的加密措施。企业应定期更新加密密钥，防止由于密钥泄露或算法被破解而导致的数据安全风险。通过多层次的数据加密，企业可以构建起一道坚固的数据安全防线，确保核心数据的安全。创业者应制定详细的数据备份计划，确保所有重要数据都能得到定期备份，并存储在安全的备份介质上。数据备份的方式可以包括本地备份和云备份，二者结合使用可以提高数据恢复的可靠性。在发生数据丢失、系统故障或恶意攻击时，及时恢复备份数据可以有效减少业务中断的时间和损失。定期测试备份恢复流程，以确保在紧急情况下，备份数据能够快速恢复，确保企业业务的连续性。

数据的加密与保护不仅有助于提升企业的安全性，还能增强客户对企业的信任。在消费者越来越重视数据隐私和安全的今天，企业若能展示出其在数据保护方面的先进措施和高标准，必然会赢得客户的信赖。通过透明的安全政策和合规实践，企业可以向客户展示其对数据隐私的重视程度，从而增强客户忠诚度，提升市场竞争力。为了进一步加强数据的保护，创业者还应建立完善的数据管理制度和安全意识培训。企业应制定明确的数据安全政策，规范数据的访问、使用和管理权限，确保只有经过授权的人员才能接触敏感数据。同时，定期开展员工安全培训，提升员工的数据安全意识和防范技能，防止因人为疏忽导致的数据泄露和安全事故。

（四）制订网络安全应急响应计划

尽管企业可能已经实施了多重网络安全措施，网络攻击的威胁依然不可忽视。为此，制订网络安全应急响应计划是创业者必须重视的工作。网络安全应急响应计划的存在，旨在帮助企业在遭遇网络攻击时迅速反应，最大限度地减少损失，并确保业务能够尽快恢复正常。这一计划不仅是企业安全策略的重要组成部分，也是应对突发网络安全事件的关键工具。创业者需要确保企业具备实时监控和快速检测异常活动的能力。一旦发现网络攻击迹象，企业应立即启动应急响应程序，迅速分析攻击的性质和范围，并采取相应的防御措施。这些措施可能包括隔离受感染的系统、阻断恶意流量、关闭受影响的网络端口等。通过快速响应，企业可以在攻击扩散之前遏制其影响，防止更大规模的损失。

网络攻击往往会导致系统中断或数据损坏，企业需要有一套完善的恢复方案，以便在攻击结束后迅速恢复业务运营。这包括从备份中恢复数据、重新配置受影响的系统、确保所有漏洞被修复，以及重新评估系统的安全性。创业者应确保备份数据的完整性和可用性，并定期测试恢复流程，确保在紧急情况下能够顺利执行。网络安全应急响应计划还应包括向相关部门报告安全事件的机制。根据法律法规和行业标准，企业在发生重大网络安全事件时，可能需要向监管机构、执法部门或客户报告。这一过程不仅有助于外部机构了解事件的影响和性质，还可以为企业提供必要的支持和指导。报告内容应当准确、详细，涵盖事件的时间、类型、影响范围、已采取的措施等信息。通过及时报告，企业能够维护其诚信和公众形象，减轻事件带来的负面影响。

为了确保网络安全应急响应计划的有效性，企业还应定期进行演练和更新。通过定期的演练，企业可以测试应急计划的可行性，识别潜在的弱点，并在实际操作中提高团队的应对能力。演练后应对计划进行评估，总结经验教训，并根据演练结果进行必要的调整和改进。随着企业规模的扩大、技术的进步和外部环境的变化，应急计划也需要相应更新，以确保其始终适应最新的安全挑战。网络安全应急响应计划的制定和实施，不仅能够提高企业应对网络攻击的能力，还能为企业提供一种系统化的危机管理方法。创业者通过建立完善的应急响应机制，可以在网络安全危机中保持冷静和有序应对，从而最大限度地保护企业的利益。综上所述，制定网络安全应急响应计划是每个创业者都应关注的重要任务，它不仅是应对突发事件的有效工具，更是确保企业长期健康发展的重要保障。

（五）员工网络安全培训

尽管先进的技术手段可以防御大部分外部威胁，然而，网络安全不仅仅是技术问题，还是每位员工的责任。创业者必须认识到，员工是企业网络防线的一部分，他们的行为和决策直接影响到企业的整体安全。因此，定期为员工提供网络安全培训，是企业降低安全风险、减少安全漏洞的有效措施。培训应帮助员工识别常见的网络安全威胁，如钓鱼邮件。钓鱼邮件是网络攻击中最常见也是最容易让员工上当的手段之一。培训内容应包括如何识别钓鱼邮件的特征，如可疑的发件人地址、异常的邮件内容、诱导点击的链接或附件等。通过实际案例的讲解和模拟练习，员工可以学会如何在日常工作中迅速辨别这些威胁，从而避免泄露敏感信息或安装恶意软件。

弱密码是黑客攻击的主要目标，尤其是当员工使用简单、易猜测的密码时，更容易被攻击者利用。培训应指导员工如何设置复杂而安全的密码，建议他们使用大小写字母、数字和特殊字符的组合，避免使用个人信息或常见词汇作为密码。企业应推广使用密码管理工具，帮助员工安全存储和管理多个复杂密码，减少因密码管理不当导致的安全风险。同时，企业也能显著提升其抵御暴力破解和密码盗窃攻击的能力。许多员工在外出办公或使用公共 Wi-Fi 时，可能会无意中暴露企业的敏感数据。培训应强调在公共网络环境下如何保护数据安全，如使用虚拟专用网络（VPN）加密网络流量，避免在未加密的连接中传输敏感信息，或者通过手机热点建立更安全的连接。通过了解这些防护措施，员工可以更好地保护企业数据，避免因公共网络的安全漏洞而受到攻击。

网络安全培训还应涵盖日常工作中的安全操作规范，例如，如何安全地下载和安装软件、如何处理外部存储设备、如何及时更新操作系统和软件补丁等。通过掌握这些基本技能，员工可以有效减少因个人行为不当而导致的安全隐患。培训还应教导员工如何在发现可疑的网络活动或遭遇网络攻击时及时报告，以便企业能够迅速采取应对措施。为了确保培训的效果，创业者应采取多种方式来提高员工的参与度和学习效果。可以通过在线课程、互动式研讨会、模拟演练等多种形式，使培训更加生动和实用。同时，企业应建立一套持续的培训和考核机制，确保员工的网络安全意识和技能保持在较高水平，并随着安全形势的变化不断更新和提升。

二、大学生创新创业数据隐私合规管理

（一）了解数据隐私法规

大学生创业者首先需要熟悉相关的数据隐私法规，如《通用数据保护条例》（GDPR）、《加州消费者隐私法》（CCPA）及本地的数据保护法律。这些法规规定了企业在收集、存储和处理个人数据时必须遵循的标准和要求。创业者应深入理解这些法律的条款，确保企业的操作符合各项隐私规定，从而避免法律纠纷和潜在的罚款。

（二）建立数据隐私保护政策

创业者应根据相关法律制定并实施数据隐私保护政策。该政策应明确企业在数据收集、处理和存储中的原则和流程，包括数据最小化原则、透明度要求、数据主体的权利等。通过制定详细的隐私政策，企业可以确保所有员工在处理个人数据时都遵循统一的标准，减少数据泄露的风险。

（三）获取用户同意并确保透明性

数据隐私合规的核心之一是确保在收集和使用个人数据之前，获得用户的明确同意。创业者应通过清晰的通知和选择框，告知用户数据收集的目的、使用范围和存储期限。同时，企业还应提供便捷的方式，允许用户随时撤回同意或请求删除其数据，以尊重用户的隐私权利。

（四）　实施数据安全措施

为了保障个人数据的安全，创业者应采取一系列技术和管理措施。这包括加密存储、数据访问控制、定期安全审计和漏洞评估等。通过加强数据安全管理，企业可以有效防范数据泄露、篡改或未经授权的访问，确保用户的个人信息得到充分保护。

（五）　定期审查和更新隐私政策

数据隐私合规是一个持续的过程，创业者应定期审查和更新企业的隐私政策和操作流程，以确保其始终符合最新的法律要求和行业标准。随着业务的扩展或新技术的应用，企业的隐私需求可能发生变化，因此，定期评估隐私政策的适用性和有效性是至关重要的。

（六）　员工数据隐私培训

创业者应为员工提供有关数据隐私保护的培训，使他们了解数据隐私的重要性和法律要求。培训内容应涵盖如何正确收集、处理和存储数据，如何回应用户的隐私请求，以及如何识别和应对潜在的隐私威胁。通过提高员工的隐私意识，企业可以进一步减少数据泄露的风险。

（七）　应对数据隐私事件的计划

尽管采取了多种措施，数据隐私事件仍可能发生。创业者应制定应急响应计划，以便在发生数据泄露或隐私事件时能够迅速有效地应对。该计划应包括事件的报告、损失控制、通知受影响用户、采取补救措施等步骤，以最大限度地减轻事件的负面影响。

第五章　大学生创新创业中的法律风险预警与防范

第一节　大学生创新创业法律风险预警机制

一、识别潜在法律风险

（一）合同管理中的法律风险

合同作为企业与外部合作伙伴、客户和供应商之间的法律基础，规定了各方的权利和义务。创业者需要特别重视合同的审查和管理，确保每一份合同都符合法律规定，并对企业有利。合同中的法律风险如果没有及时识别和处理，可能会给企业带来合同纠纷、经济损失，甚至影响企业的长期发展。在合同的制定和签署过程中，如果条款表述不够明确，可能导致合同双方对责任和义务的理解出现偏差。模糊的条款容易引发争议，尤其是在履行合同的过程中，双方对合同的不同解读可能导致合同的执行出现问题。创业者应确保合同中的每一项条款都清晰明确，并且经过法律专业人士的审核，以减少合同执行中的不确定性和潜在的纠纷。

合同中需要明确规定各方的责任和义务，特别是在涉及产品或服务质量、交付时间、付款方式等关键环节时。如果责任划分不清，可能导致在合同履行过程中出现责任推诿的情况，进而引发合同纠纷。若未能明确约定产品的验收标准和交付时间，当出现问题时，双方可能因为责任界定不清而发生争执。因此，创业者在合同中应详细列明各方的具体责任，确保在合同履行过程中，责任清晰、义务明确，从而减少可能的争议。违约条款的不完善也是合同管理中需要特别关注的法律风险。违约条款是保障合同顺利执行的重要内容，如果一方未能履行合同义务，另一方有权采取相应的法律措施或提出可以获得的赔偿。如果合同中的违约条款不够完善，可能导致在出现违约行为时，受害方无法得到应有的赔偿或救济。若未在合同中明确约定违约金的计算方式或补偿范围，当违约发生时，企业可能面临维权困难。因此，创业者应在合同中设立明确、具体的违约条款，包括违约金的数额、赔偿的方式和救济途径等，确保在出现违约情况时，企业的权益能够得到有效保护。

为了有效应对合同管理中的法律风险，创业者应建立严格的合同审核和管理流程。在合同签署前，必须经过法律顾问或专业律师的审查。合同审核不仅仅是对条款内容的检查，还包括对合同背景、对方履约能力及合同风险的全面评估。通过这种系统化的合同管理流程，创业者可以有效降低合同中的法律风险，确保企业的合法权益不受侵害。

（二）知识产权保护的法律风险

知识产权涉及企业的专利、商标、著作权等核心资产，直接关系到企业的创新成果和市场竞争力。然而，知识产权保护也面临着复杂的法律风险，这些风险如果未能妥善管理，不仅可能导致企业的市场竞争力受到削弱，还可能引发法律诉讼和经济损失。因此，创业者需要全面识别和管理这些风险，确保企业的知识产权得到充分保护。专利是企业创新的重要成果，如果未能及时申请专利保护，企业的技术创新可能被他人模仿甚至侵权。与此同时，企业在研发过程中也可能无意间侵犯他人的专利权，这将导致法律纠纷和赔偿责任。因此，创业者应当在研发和产品设计的早期阶段就进行专利检索，确保企业的创新不侵犯现有专利。及时申请专利保护，确保企业的技术创新成果得到法律的保护，是提高企业竞争力的重要手段。创业者可以有效降低专利侵权的风险，确保企业在技术领域的领先地位。

商标是企业品牌的象征，代表了企业的市场形象和信誉。创业者应识别企业在商标方面可能面临的侵权风险，包括他人恶意抢注企业商标或使用与企业商标相似的标识，导致市场混淆和品牌损害。为了防范这些风险，创业者应尽早为企业的商标进行注册，并在运营过程中持续监控市场上的商标使用情况。如果发现潜在的商标侵权行为，应及时采取法律行动，保护企业的品牌权益。通过有效的商标管理，创业者可以维护企业的品牌形象。著作权涵盖了企业的创意作品、设计方案、软件代码等知识成果，保护这些成果不被非法复制和使用是企业保持竞争优势的重要手段。然而，著作权保护也面临着侵权和盗版的风险，尤其是在互联网和数字化时代，这些风险更为突出。创业者应当对企业的著作权进行登记备案，确保其合法权益受到法律的保护。同时，企业应签订保密协议和著作权转让协议，明确著作权的归属和使用权，防止员工或合作伙伴对企业知识成果的滥用和侵权行为。

为了有效应对知识产权保护中的法律风险，大学生创业者应采取一系列积极措施。其中，关键措施是及时注册和保护企业的知识产权资产，包括申请专利、注册商标、登记著作权等。建立严格的内部管理制度，规范知识产权的使用和授权流程，防止内部泄密和滥用。定期开展知识产权培训，提高员工的知识产权保护意识，确保企业在知识产权管理上的合规性和有效性。

（三）劳动用工和税务合规的法律风险

劳动用工和税务合规的法律风险是两个必须高度重视的领域。劳动用工方面的法律风险主要源于对劳动法的理解不足和合规管理的缺失。不规范的劳动合同可能会导致员工对合同条款的争议，进而引发劳动纠纷。如果企业未能按规定支付员工的加班费或社会保险，也可能面临劳动仲裁或诉讼。这些问题不仅会增加企业的法律风险，还可能对企业的声誉造成负面影响。创业者应当认真学习和理解劳动法的相关规定，确保企业的用工实践符合法律要求，并通过制定和执行严格的用工管理制度来降低这些风险。未按时申报或缴纳税款、虚报收入或费用等行为不仅会导致企业面临高额罚款，还可能损害企业在市场中的信誉。税务合规管理的不足也可能引发税务机关的审查，给企业带来额外的法律和财务压力。因此，创业者需要确保企业在税务处理上遵循相关法律法规，包括按时申报纳税、准确记录和报备财务信息等。通过聘请专业的税务顾问或建立内部的税务管理团队，创业者可以提高企业的税务合规性，减少因税务问题带来的潜在风险。

对于用工管理，创业者应确保劳动合同的内容完整、合法，并且涵盖了员工的工作职责、薪酬待遇、工作时间和福利保障等方面。企业还应定期审查和更新劳动合同，确保其始终符合最新的法律要求。与此同时，企业应严格执行工资发放和社会保险缴纳的法律规定，避免因违规操作而引发劳动争议。在税务合规方面，创业者应制定详细的税务合规流程，包括税务申报的时间安排、纳税款项的核算方式、财务记录的保存期限等。企业应建立一个透明、系统的财务管理体系，确保所有财务操作和税务处理都有据可查，并且能够经受税务审计的检验。创业者不仅可以降低税务合规的法律风险，还能提高企业的运营透明度和市场信誉。

二、建立法律风险评估体系

（一）风险分类与识别

在建立法律风险评估体系时，首先要着手进行全面的风险分类与识别。这一步骤至关重要，因为它为后续的风险评估和管理奠定了基础。创业者需要根据企业的具体运营特点和行业环境，系统地将法律风险划分为不同类别。这些类别可能包括合同管理风险、知识产权风险、劳动用工风险、税务合规风险等。每一种风险类别都涉及不同的法律问题，企业在运营过程中可能面临这些风险的挑战。合同管理风险通常包括合同条款不明确、责任划分不清、违约条款不完善等问题，这些都可能导致合同纠纷和法律诉讼。通过识别这些具体问题，企业可以更好地制定和审查合同，减少潜在的风险。知识产权风险则涉及企业的专利、商标、著作权等方面，特别是在科技型和创新型企业中，这类风险尤为突出。创业者需要识别可能存在的侵权行为或知识产权纠纷，确保企业的创新成果得到法律的保护。

劳动用工风险也是一个重要的风险类别，涵盖了劳动合同的规范性、员工福利的合法性、劳动争议的处理等问题。企业在用工过程中如果不严格遵守劳动法规定，可能会面临劳动仲裁或诉讼，这不仅影响企业声誉，还可能带来经济损失。因此，识别劳动用工中的潜在法律风险是企业保持合规运营的关键。税务合规风险则涉及企业的财务管理和税务申报，如果企业未能按时、准确地申报和缴纳税款，可能会遭遇税务机关的罚款和审查。通过识别这些风险点，企业可以提前制定应对措施。创业者还应关注其他类别的法律风险，如数据隐私风险、环境合规风险、市场竞争法律风险等。每一种风险类别都可能影响企业的运营和发展，因此，全面识别这些风险是企业制定有效法律风险管理策略的前提。通过这种系统化的风险分类与识别，企业能够清晰地理解各类法律风险的性质和来源，进而在后续的风险评估和管理中更具针对性和有效性。

（二）可能性评估与量化分析

在完成法律风险的分类与识别后，接下来的关键步骤是进行可能性评估与量化分析。这一过程旨在评估各类风险发生的可能性，以及它们对企业可能带来的潜在影响。通过这一评估，创业者能够更加精准地识别哪些法律风险需要优先关注，并为制定应对策略提供依据。创业者可以通过多种途径来评估发生风险的可能性。历史数据是一个重要的参考点，企业可以分析过去发生过的类似法律问题，评估其频率和原因。行业趋势能提供有价值的信息，了解同行业企业面临的法律挑战，有助于预见未来可能遇到的风险。创业者还可以借助专家意见，通过法律顾问或行业专家的建议，对各类风险的发生概率进行专业的判断。将这些信息综合起来，企业可以为每一类风险分配一个具体的可能性评分，以量化这些风险的发生概率。

在评估可能性后，接下来需要进行量化分析，以衡量各类风险的潜在影响。这个过程不仅涉及直接的财务损失，如因合同纠纷导致的赔偿或因知识产权侵权引发的诉讼费用，还包括难以量化的因素，如企业声誉的损害和客户信任的丧失。创业者应结合企业的实际运营情况，评估每种风险对企业的全面影响。这可能包括计算潜在的法律费用、估计市场份额的损失，以及预测因声誉受损带来的长期影响。通过这种全方位的量化分析，企业能够更全面地了解不同法律风险的严重性和广泛性。结合可能性评估和量化分析的结果，企业可以制定一个风险矩阵，将各类法律风险按发生概率和潜在影响进行排序。这一矩阵能够直观地展示哪些风险具有更高的发生概率且会造成更严重的后果，从而需要优先处理。通过这种系统化的分析，企业不仅能够更好地分配资源，集中精力防范最关键的法律风险，还可以制定更具针对性的法律风险管理策略，提升整体防范能力。

（三）优先级设定与资源分配

在完成对法律风险的分类和可能性评估之后，创业者接下来需要设定风险处理的优先级。通过设定优先级，企业可以集中精力和资源在最关键的风险防范上，从而最大限度地降低法律风险对企业的影响。创业者应优先处理那些发生可能性高且潜在影响大的法律风险。这类风险往往对企业的运营和生存构成重大威胁，因此，必须果断采取措施加以防范。如果某种类型的合同纠纷在企业运营中频繁发生，并且一旦出现会导致重大财务损失或法律诉讼，企业就应当将资源集中在改善合同管理流程上。这可能包括制定更为严谨的合同条款，强化合同审查程序，或聘请法律顾问来进行专业指导。通过集中资源处理这些高优先级风险，企业可以显著降低其面临的法律威胁。

对于那些优先级较低的法律风险，企业可以采取监控和调整策略，保持对这些风险的关注。这些风险可能发生的概率较低或对企业的影响较小，因此，不需要立即投入大量资源来处理。然而，企业仍应建立定期监控机制，密切关注这些风险的动态变化。企业可以设立风险监控指标，定期评估这些低优先级风险的变化趋势，并在必要时调整风险管理策略。企业能够保持对所有潜在风险的掌控，同时，将主要资源用于应对最具威胁的风险。企业的资源是有限的，创业者必须在风险管理中做出战略性决策，确保资源的有效利用。除了直接处理高优先级风险外，企业还应考虑在内部审计与监督、员工法律培训等方面投入资源。这些举措不仅可以预防潜在的法律风险，还能提升企业整体的法律合规水平，营造一个合规的企业文化环境。企业还应保持灵活性，随时根据风险评估结果和企业发展情况调整资源分配，确保法律风险管理策略始终与企业的实际需求相匹配。

三、制定预警指标和监控机制

（一）设定关键预警指标

在建立法律风险预警机制时，设定关键预警指标是首要任务。这些预警指标应根据企业的具体运营情况和面临的法律风险进行定制化设计，以确保它们能够准确反映企业所处的法律环境。通过设定这些指标，企业可以有效监测潜在的法律问题，提前识别风险并采取应对措施。预警指标的设定应全面覆盖企业运营中的各个法律风险领域。在合同管理方面，企业可以设定每季度或每年度的合同纠纷数量作为预警指标。如果合同纠纷数量超过一定的阈值，可能表明企业的合同管理存在问题，需进行审查和整改。类似地，在知识产权保护方面，企业可以设定知识产权侵权投诉的次数作为预警指标。通过监测这些指标的变化，企业可以及时识别知识产权风险，采取措施保护自己的合法权益。

预警指标不仅要涵盖广泛的法律领域，还应有明确的标准和量化的阈值。企业在设定这些指标时，必须考虑到自身的运营规模、行业特点和法律法规的要求。每个指标应有一个具体的数值标准，如合同纠纷超过5起、知识产权侵权投诉超过3次、劳动争议案件增加率超过10%等。设定明确的阈值可以帮助企业在指标接近或超过预设的标准时，立即采取行动，防止问题进一步恶化。设定预警指标还应考虑到企业的发展阶段和外部环境的变化。企业应定期评估和调整这些指标，以确保它们始终与企业的实际情况和外部法律环境相适应。在企业进入新市场或推出新产品时，知识产权风险可能增加，因此，相关的预警指标需要更加严格。同样，在企业快速扩张时，劳动用工的风险可能增加，此时需要加强对劳动争议案件的监控。

通过设定这些关键预警指标，企业能够建立起一个有效的法律风险预警体系。这些指标不仅帮助企业及时捕捉潜在的法律问题，还为企业制定和实施相应的风险管理措施提供了依据。企业应通过定期监控这些指标的变化，确保预警机制的敏感性和准确性，从而在法律风险出现之前就做好充分的准备。设定和管理好这些关键指标，可以显著提高企业应对法律挑战的能力，保障企业的长期稳定发展。

（二）建立定期监控和审计机制

在设定了关键预警指标后，建立定期的监控和审计机制是确保这些指标有效运行的下一步。这一机制的建立能够帮助企业实时跟踪法律风险的动向，确保任何潜在问题在初期就能被发现并得到处理。定期监控不仅可以为企业提供及时的风险信息，还能为制定相应的应对策略提供数据支持。企业应设立明确的时间表，例如，每月、每季度或每年，对关键法律风险指标进行系统性审查。企业可以每季度检查合同执行情况，分析是否有合同纠纷数量的上升趋势。如果发现纠纷数量增加，企业应立即审查相关合同条款、履约情况和合同管理流程，以找出问题的根源并采取补救措施。同样，知识产权团队可以定期监测市场上的侵权行为，通过分析侵权投诉的变化情况，及时采取法律行动保护企业的知识产权。

内部审计机制是定期监控的有力补充，确保企业在各个部门和运营环节的法律风险管理都得到全面审查。内部审计应包括对各部门的合同管理、知识产权保护、劳动用工等方面的合规性进行详细检查。审计过程中，应收集和分析数据，评估各部门的法律风险管理状况，发现潜在的风险隐患。通过这种全面的内部审计，企业可以确保所有的预警指标都被有效监控，任何指标的异常变化都能及时得到反馈和处理。定期监控和审计机制应具有灵活性和适应性，以应对企业内外环境的变化。企业的发展阶段、市场动态、法律环境等因素都可能影响法律风险的性质和程度，因此，监控和审计机制需要根据这些变化进行相应调整。在企业扩展新市场时，可能需要增加对相关法律法规合规性的监控频率；在面对突发的法律风险时，审计机制应能够迅速反应，提供即时的风险评估和应对建议。

通过建立定期的监控和审计机制，企业可以系统地跟踪法律风险的变化情况，并在问题刚刚出现时就及时发现。这种前瞻性的管理方式不仅有助于防范重大法律风险，还能提高企业的整体风险管理水平，确保企业的运营能够在一个合规、安全的环境中进行。有效的监控和审计机制是企业应对复杂法律环境的重要工具，它能够为企业提供持续的法律保障，支持企业的稳健发展。

（三）启动预警响应机制

当预警指标接近或超过预设的阈值时，企业应毫不迟疑地启动预警响应机制。这一机制的核心在于快速识别和评估风险的严重性，并采取相应的措施来防止法律问题的进一步恶化。预警响应机制的有效运作，可以帮助企业在风险初现时即进行干预，从而将潜在的损失控制在最低限度。启动预警响应机制的第一步是对风险的严重性进行快速评估。当某个法律风险指标触发预警时，企业应迅速集结相关部门和法律专家，对情况进行深入分析。这个过程应包括评估风险可能带来的财务影响、法律后果，以及对企业声誉的潜在损害。通过快速评估，企业能够明确当前法律问题的紧迫性和处理优先级，从而为接下来的应对措施打下基础。

根据风险评估的结果，企业应制定具体的应对策略。这些策略需要根据不同类型的法律风险进行定制。如果合同纠纷的数量显著增加，企业可能需要重新审视其合同管理流程。这可以包括加强合同条款的审核、完善合同履行的监督机制，甚至重新谈判或终止存在高风险的合同。同样，如果知识产权投诉有所上升，企业则需要加大对知识产权的保护力度，可能包括加强市场监控、采取技术手段保护专利和商标或者启动法律诉讼来捍卫企业的知识产权。在制定应对策略后，企业必须迅速落实相应的法律防护措施。这些措施的实施必须高效、及时，以防止风险进一步扩散。对于合同纠纷，企业可以立即安排法律顾问介入，快速解决争议，并在必要时采取法律行动。如果是知识产权纠纷，企业则可能需要启动诉讼程序，或寻求仲裁机构的帮助，以维护企业的合法权益。与此同时，企业应加强内部沟通，确保相关部门充分了解当前的法律风险状况，并积极配合执行应对措施。

通过启动预警响应机制，企业能够在法律问题变得更加复杂和难以控制之前，迅速采取行动。这不仅可以减少法律风险对企业的负面影响，还能有效保护企业的财务和声誉。一个完善的预警响应机制，是企业应对不断变化的法律环境、保持运营稳定的关键工具。通过这种机制，企业可以始终处于主动防御的地位，及时应对各种潜在的法律挑战，确保企业在法律风险面前的稳健发展。

四、加强法律培训和内部沟通

（一）定期开展法律知识培训

为了确保法律风险预警机制的有效性，创业者需要重视定期对员工进行法律知识培训。这种培训不仅有助于提高员工对企业面临的各种法律风险的认识，还能增强他们识别和应对这些风险的能力。企业应将培训内容涵盖合同法、知识产权法、劳动法及税法等法律领域，确保员工在日常工作中能够正确理解和应用相关法律知识。通过系统化的法律培训，员工可以深入掌握企业运作中常见的法律问题，明确哪些行为可能触犯法律，哪些操作需要特别注意。这种知识的普及不仅有助于员工在遇到法律问题时迅速采取适当措施，还能提高他们的法律意识，减少法律风险的发生。培训的过程应包括案例分析，以便员工能够更好地理解法律条款在实际操作中的应用。

定期的法律培训使员工能够在日常工作中更加敏感地识别潜在的法律问题，同时，使他们能够在发现问题的初期就及时向管理层报告，从而避免问题的扩大。这样，企业能够在问题萌芽阶段进行干预，从而降低法律风险的损失和潜在的法律纠纷。持续性的法律教育有助于建立企业内部的法律文化。通过定期培训，员工不仅能够提高自身的法律素养，还能增强对公司法律合规的重视。随着法律知识的不断更新，培训内容也应不断调整和完善，以保持员工对新法律法规的了解，确保企业的合规经营和风险控制始终处于领先地位。

（二）建立高效的内部沟通渠道

企业在面对法律风险时，各部门之间的沟通顺畅性直接影响到风险的识别和处理效率。为了实现这一目标，创业者需要制定合理的信息传递机制，确保法律问题和风险信息能够及时准确地传达到相关部门。企业应设立专门的法律事务团队，以集中处理来自各部门的法律风险信息。这些团队不仅负责收集和整理各部门的反馈，还需要对风险信息进行统一的评估和处理。通过这种集中管理，企业能够更清晰地掌握整体的法律风险情况，并制定相应的应对策略。这种机制不仅提高了风险处理的效率，还确保了信息传递的准确性和及时性。

这些会议可以用于讨论和评估法律风险的预警指标和应对措施，使各部门能够对法律问题的处理保持一致。这种跨部门的沟通不仅促进了信息的共享，还增强了各部门在处理法律问题时的协作能力。企业可以在面对法律风险时，形成合力，迅速制定和实施应对方案。建立畅通的沟通渠道还可以有效减少因信息不对称而导致的法律风险升级。企业在实际运作中，法律问题往往因部门间沟通不畅而被忽视或处理不当。通过高效的沟通机制，各部门能够及时交换信息，共享法律风险的相关数据，从而迅速识别潜在的问题并采取必要的措施。这种预警机制能够帮助企业在问题初期就进行干预，防止风险的扩大化。建立内部沟通渠道的同时，企业还应注意定期评估和优化沟通流程。随着企业的发展和法律环境的变化，原有的沟通渠道和机制可能需要进行调整和改进。通过定期检查和优化沟通流程，企业能够保持高效的法律风险管理能力，确保在复杂多变的环境中也能及时应对各种法律挑战。

（三）鼓励主动参与风险报告和反馈

为了提升法律风险预警机制的全面性和有效性，创业者应积极鼓励员工主动参与法律风险的识别和报告。除了常规的法律培训和信息传递，创造一个积极报告风险的环境对于识别和解决潜在法律问题至关重要。通过建立奖励机制或匿名报告渠道，可以有效激发员工的主动性，帮助企业及时发现和处理法律隐患。为了鼓励员工积极报告法律风险，企业可以设立奖励机制。员工在履行合同、处理客户投诉或进行市场活动时，如果发现可能存在的法律隐患并主动报告，将获得相应的奖励。这种激励措施不仅能够调动员工的积极性，还能促使他们更加关注工作中的法律合规性。奖励机制能够将法律风险的识别和处理纳入员工的工作考核中，从而使法律合规成为日常工作的一个重要方面。

匿名渠道可以消除员工对可能受到报复的顾虑，使他们能够更加自由地报告法律隐患。企业应确保匿名报告的真实性和保密性，建立一套有效的审核和处理机制，对举报的内容进行认真调查和处理。这种机制能够让员工在不担心个人安全的情况下，及时向管理层反馈潜在的法律风险，从而提升预警机制的全面性。鼓励主动参与风险报告不仅能够帮助企业获得更多一线员工的反馈信息，还能够增强员工的法律意识和责任感。员工在报告法律风险的过程中，能够逐渐认识到合规操作的重要性，提高自身的法律素养。这种主动参与的做法不仅有助于企业及时发现并解决法律问题，还能够在员工中形成良好的法律合规文化，从而进一步减少法律风险的发生。根据员工的反馈和实际运作情况，对奖励机制和匿名报告渠道进行必要的调整和改进。通过不断优化这些措施，企业能够确保风险报告机制的有效性，使员工在法律风险管理中发挥更大的作用，从而提高整体法律风险预警机制的水平。

五、定期评估和优化预警机制

（一）定期审视预警机制的有效性

为了确保法律风险预警机制的持续有效性，创业者需要定期对现有的预警机制进行审视和评估。这种审视不仅涉及对预警指标监控结果的分析，还应包括对响应措施执行情况的详细检查。定期的评估可以帮助企业判断预警机制是否在实际应用中能够及时且准确地识别和应对法律风险，从而为未来的优化提供依据。通过对预警指标的监控结果进行分析，企业能够判断是否存在漏报或误报的情况。这些分析结果可以帮助企业了解当前预警机制的准确性和及时性。如果某些法律风险在预警系统中未被及时捕捉，企业可以通过进一步的调查找出原因，从而改进监控工具的设置或调整预警指标的参数。

企业应评估监控工具的准确性、内部沟通的效率、法律培训的覆盖面等。这些环节的评估能够揭示预警机制中可能存在的薄弱环节。如果发现法律培训的内容无法覆盖到所有相关领域，或内部沟通渠道存在信息传递滞后的问题，那么，需要及时进行改进，以增强预警机制的整体效能。通过系统化的检查，企业不仅可以发现预警机制的不足之处，还能够为下一步的优化奠定基础。定期的审视能够提供宝贵的数据和信息，帮助企业制定更有效改进方案。企业可以根据审视结果更新预警指标，优化监控工具，调整内部沟通流程，从而提升预警机制的整体表现。法律法规常常会发生变化，企业的预警机制需要不断跟进这些变化以保持其有效性。通过定期的评估，企业能够及时发现法律环境的变化对预警机制的影响，并对机制进行相应的调整，以确保其始终保持高效和适应性。

（二）收集反馈信息并分析不足之处

在法律风险预警机制的实施过程中，创业者需要高度重视来自各个层级和部门的反馈信息。有效的反馈机制能够提供有关预警系统实际运行情况的关键数据，包括操作中的问题、员工对风险识别的意见、信息传递的效果，以及应对措施的可行性。通过系统化地收集和分析这些反馈，企业能够识别出预警机制中的不足之处，从而为其优化提供有力支持。企业应广泛收集来自不同层级和部门的反馈信息。这些反馈信息不仅涵盖了预警机制在实际操作中遇到的问题，还包括员工对风险识别、信息传递效率和应对措施的意见和建议。员工的实际体验和观察能够揭示预警机制在执行过程中可能存在的隐患和不足。前线员工可能会发现预警指标在实际应用中不够敏感，而管理层可能会关注响应流程的复杂性和效率。通过全面的反馈收集，企业可以获取更为全面的评估数据。

企业需要对收集到的反馈信息进行系统分析。这种分析有助于识别出预警机制中的具体问题，如预警指标设置是否合理、响应流程是否过于复杂、内部沟通是否顺畅等。通过对这些问题的深入剖析，企业能够更清晰地了解预警机制的弱点。如果发现预警指标设置过于宽泛或过于狭窄，可能需要重新定义指标的范围和标准；如果响应流程存在瓶颈，则应简化流程以提高效率。对反馈信息的系统分析还可以为企业提供数据支持，帮助制定改进方案。通过对问题的分类和优先级排序，企业可以有针对性地进行优化。针对反馈中指出的内部沟通不畅的问题，可以优化沟通渠道或加强沟通培训；针对预警指标设置不合理的问题，可以调整指标参数或引入新的监控工具。这些改进措施能够有效提升预警机制的整体效能。

定期收集和分析反馈信息还有助于企业适应不断变化的外部环境。法律法规和市场条件的变化可能影响预警机制的有效性。通过持续的反馈分析，企业能够及时调整预警系统，以确保其始终与最新的法律和市场要求保持一致。这种动态调整的能力对于维护企业的法律合规性和风险管理能力至关重要。

（三）持续优化以保持机制的灵敏度和有效性

随着企业的不断发展以及外部环境的变化，原有的预警机制可能需要调整和改进，以确保其灵敏度和有效性。创业者应根据定期评估结果和员工反馈，制定并实施优化措施，从而保持预警机制的高效运行，及时应对新出现的法律风险。随着业务的扩展和法律环境的变化，原有的预警指标可能不再适应新的风险情境。调整阈值可以提高风险检测的灵敏度，确保机制能够及时捕捉到潜在的法律问题。如果发现某些风险未被及时识别，可能需要降低预警指标的阈值，以便更早地检测到这些风险。通过这种调整，企业能够在问题发展之前进行干预，从而减少法律风险造成的损失。

复杂的响应流程可能会导致处理速度的滞后。企业应评估现有流程的效率，并对其进行简化。优化响应流程不仅可以加快问题处理速度，还能够提高整体效率。简化的流程可以减少审批环节，加快决策速度，从而确保快速而有效地应对法律风险。通过简化流程，企业能够在遇到法律问题时更迅速地采取行动，降低风险带来影响。引入新的技术工具可以显著增强监控能力。随着科技的发展，新兴的技术工具可以提供更先进的监控和分析功能。人工智能和大数据分析技术能够提升风险预测的准确性和及时性。企业应根据需要引入这些新技术，以增强预警机制的能力和效果。通过技术的引入，企业可以更高效地监控和分析法律风险，提升预警机制的整体表现。通过持续的优化，企业能够确保预警机制始终处于最佳状态。优化不仅是对现有机制的改进，更是对企业未来发展的保障。只有不断调整和改进，企业才能够保持预警机制的高效性，保护企业的合法权益和运营安全。

第二节 大学生创新创业法律风险防范策略

一、明确法律风险识别

大学生在创业过程中面临的法律风险多种多样，涵盖合同纠纷、知识产权问题、劳动用工法律、税务风险等多个方面。为了有效预防和应对这些风险，明确法律风险的识别是至关重要的。以下将详细论述如何进行法律风险识别，以帮助大学生创业者提前采取预防措施，确保创业活动的顺利进行。在商业活动中，合同是规范各方权利与义务的基础文件。大学生创业者应熟悉合同法的基本知识，明确合同的核心要素，如合同的主体、内容、履行方式等。创业者需要确保合同条款的明确和完整，避免因模糊或不合理的条款导致的合同纠纷。在与供应商或客户签订合同时，应明确交货时间、质量标准和违约责任等关键条款。定期审查合同模板并根据业务变化进行调整，可以有效减少合同纠纷的发生。

知识产权的保护也是大学生创业者需重点关注的法律风险领域。知识产权包括专利、商标、版权等，涉及创业项目的创新成果和品牌形象。创业者应了解相关法律法规，如专利法、商标法和著作权法，及时申请专利、注册商标和进行版权登记，以确保自己的创意和品牌不被他人侵犯。进行知识产权的定期审查，防范可能的侵权行为，如发现侵权行为，应立即采取法律行动，以保护自身权益。在劳动用工方面，创业者需严格遵守劳动法的规定，合理管理用工风险。劳动法规定了员工的权益，包括工资待遇、工作时间、休息日、社会保险等。大学生创业者应签订正式的劳动合同，明确工资标准、工作职责和福利待遇，并按法律要求为员工缴纳社会保险。建立健全的用人管理制度，如员工手册和培训计划，可以帮助员工了解企业的规章制度，减少劳动纠纷的发生。

创业者应熟悉税收法规，了解企业在运营过程中应履行的税务义务，包括增值税、企业所得税等。应定期进行税务审计，确保企业的税务申报和缴纳符合国家法规。遇到税务问题时，应及时咨询税务专业人士，以避免因税务问题导致的法律风险和经济损失。为了有效识别和应对潜在的法律问题，大学生创业者应定期进行法律风险评估。评估应涵盖合同、知识产权、劳动用工、税务等多个方面，通过系统化检查和分析，识别出可能存在的风险点。对重大决策进行法律咨询，获取专业法律建议，可以帮助创业者在决策前全面了解法律风险，做出更为谨慎和合理的选择。

二、建立完善的法律合规体系

一个全面的法律合规体系能够帮助企业明确各类业务活动的法律要求，规范操作流程，从而有效防范法律风险。法律合规手册应包括企业各类业务活动的法律要求和操作规范，如合同签署、知识产权管理、劳动用工及税务处理等方面。手册的编制需要结合企业的具体业务，详细列出相关法律法规的要求，并提供具体的操作指南。在合同管理部分，手册应说明如何审核合同条款、如何处理合同纠纷等。在知识产权部分，手册应包含申请专利、注册商标的具体步骤和注意事项。通过这样一个系统化的手册，企业内部员工可以清晰地了解并遵循法律合规要求，降低法律风险的发生。

合同是商业活动中的重要法律文件，其条款的合法性和明确性直接关系到双方的权益。创业者应认真审查合同的每一项条款，确保其合法有效。必要时，可以聘请法律专业人士进行合同审核，以确保合同条款不仅符合相关法律法规，还能充分保护企业的合法权益。合同审核的重点包括明确合同的主体、清晰规定权利义务、设定合理的违约责任等。通过细致的合同审核，可以有效避免由于合同条款模糊或不合理导致的法律纠纷。建立完善的知识产权保护体系是保障企业创新成果的重要手段。创业者应及时申请专利、注册商标和进行版权登记，以确保企业的知识产权不被侵犯。建立知识产权管理机制，包括定期检查和维护知识产权，防止侵权行为的发生。企业应对知识产权的使用情况进行监控，及时发现潜在的侵权风险，并采取必要的法律行动。通过这样一个系统化的保护体系，企业能够有效维护自身的创新成果和品牌价值。

三、强化法律知识培训

强化法律知识培训是确保大学生创业团队合法合规运营的重要措施。通过系统化的法律知识培训，不仅能够提升团队成员遵守法律法规的意识，还能增强他们在实际工作中识别和应对法律风险的能力。创业者应定期安排法律培训课程，涵盖与企业运营相关的法律法规，如合同法、劳动法、知识产权法和税法等。这些培训应针对不同岗位的具体需求，提供相应的法律知识。对于从事合同管理的人员，应重点讲解合同条款的法律要求和风险点；对于人力资源管理人员，则应重点讲解劳动法中的员工权益保护条款。通过定期的法律培训，团队成员能够不断更新法律知识，并在日常工作中自觉遵守相关法律法规。

利用模拟案例分析进行培训可以让团队成员更加具体地了解法律风险的实际应用场景。模拟案例分析通过真实的法律案例，展示法律风险如何在实际操作中出现，以及如何有效应对。这种培训方式能够帮助团队成员将理论知识与实践经验结合起来，提高他们的法律应对能力。可以选择企业常见的法律问题，如合同纠纷或知识产权侵权，通过模拟案件的方式进行分析和讨论。这不仅可以帮助员工理解法律法规的实际应用，还能提高他们在面对类似问题时的判断和处理能力。法律法规的变化可能会直接影响到企业的运营和管理。创业者应建立机制，及时跟进和学习相关法律法规的最新变化。可以通过订阅法律法规的更新服务、参加法律讲座和研讨会等方式，保持对法律动态的关注。通过及时更新法律知识，企业可以确保在面对法律环境变化时能够迅速调整运营策略，保持合规运营。

四、建立内部法律审查机制

通过设立专门的法律合规岗位、制定内部审查流程，并对审查机制进行定期评估，可以有效管理和控制法律风险，保障企业的运营安全。以下将详细论述如何建立和维护这一机制，包括设置专门岗位、制定审查流程和定期审查机制的有效性。在团队中设置专门的法律合规岗位是建立内部法律审查机制的基础。这些岗位负责日常法律事务的审核和管理，确保企业各项操作符合相关法律法规。专职的法律合规人员可以为企业提供专业的法律支持，包括合同审核、法律咨询、风险评估等。设置专门岗位不仅能够提升法律事务处理的专业性，还能确保法律问题得到及时和有效解决。法律合规人员可以负责审核所有重要合同，确保合同条款的合法性和合规性；同时，他们也可以提供法律建议，帮助企业在业务决策过程中规避潜在的法律风险。

内部审查流程应包括对公司业务决策、合同签署等各类法律事务的审查和管理。具体流程可以包括：提交审查申请、法律审核、反馈意见、修订和批准等步骤。在合同签署方面，流程应确保合同在签署前经过法律审查，并对合同条款进行必要的修改和完善。在业务决策方面，流程应要求对决策的法律风险进行评估，并在决策实施前提供法律意见。通过建立明确的审查流程，企业可以确保每一项业务活动都经过严格的法律审查。企业应定期评估法律审查机制的运行情况，收集来自各部门的反馈信息，以识别和改进机制中的不足之处。可以通过定期召开审查机制评估会议，讨论审查流程中的问题和改进建议。反馈信息的收集可以帮助识别审查流程中的瓶颈和不足，并根据实际情况进行调整和优化。这种定期审查和改进的过程可以提高法律审查机制的效率和效果，确保其在不断变化的法律环境中保持有效性。

五、加强风险应对能力

为可能发生的法律纠纷制定应急预案、妥善保留证据材料，并与律师建立长期合作关系，都是提高企业法律风险应对能力的有效策略。以下将详细论述如何通过这些措施加强风险应对能力，以确保企业能够在法律纠纷中快速有效地进行处理。为可能发生的法律纠纷制定应急预案是提高法律风险应对能力的基础。应急预案应涵盖法律诉讼的处理流程和应对策略，包括法律纠纷的预防、识别、处理和解决的各个环节。预案应明确在法律纠纷发生时的行动步骤，例如：如何收集和整理证据、如何联系法律顾问、如何进行法律诉讼和调解等。通过制定详细的应急预案，企业能够在法律问题发生时迅速启动预案，按照既定流程处理问题，减少对业务运营的影响。预案可以规定在收到法律诉讼通知后，企业应立即通知法律团队，并启动证据收集和案件分析的程序，以确保法律纠纷得到及时处理。

在业务活动中，企业应建立系统的证据管理制度，确保所有关键文件、通信记录和合同条款都得到妥善保存。证据材料不仅包括书面文件，还应包括电子邮件、会议记录、录音和其他可能用于证明企业立场的材料。通过细致的证据管理，企业能够在法律纠纷中提供充分的证据支持，增强自身在法律诉讼中的优势。企业在合同履行过程中应保存所有相关的邮件往来和合同修订记录，以备在合同纠纷中提供证明。与律师建立长期合作关系是确保在遇到法律问题时能够及时获得专业支持的有效方式。企业应选择具有相关领域经验的律师或法律顾问，与其建立稳定的合作关系。长期合作关系不仅能确保在法律问题发生时能够迅速获得专业的法律支持，还能帮助企业在日常运营中进行法律风险评估和预防。企业可以定期邀请律师进行法律培训，或在业务决策时咨询律师意见，以提前识别和解决潜在的法律风险。通过建立长期的法律合作关系，企业能够获得持续的法律支持和解决方案，从而有效应对法律风险。

六、积极维护企业合法权益

在企业运营过程中，积极维护企业合法权益是防范法律风险和确保持续发展的重要策略。严格遵守法律法规，合法合规地经营企业，不仅有助于避免法律风险，还能建立企业的良好声誉。面对法律纠纷时，采取合法手段进行解决，增强维权意识，并尊重他人的合法权益，都是维护企业合法权益的关键措施。以下将详细论述如何通过这些措施积极维护企业合法权益。企业应全面了解并遵守国家和地方的相关法律法规，包括公司法、合同法、劳动法、税法等。确保所有业务活动、合同签署、员工管理和财务操作等方面都符合法律规定。通过合法合规经营，企业可以有效避免因违规行为引发的法律风险，如合同纠纷、劳动争议或税务处罚等。在合同签署和履行过程中，企业应确保条款的合法性，避免出现违反法律法规的情况；在劳动用工中，应遵守劳动法的相关规定，为员工提供合法的劳动条件和福利待遇。通过严格的法律遵守，企业不仅可以减少法律纠纷，还能建立良好的商业信誉。

法律纠纷的解决方式包括调解、仲裁和诉讼等，企业应根据具体情况选择合适的解决途径。调解和仲裁通常是较为灵活和高效的解决方式，能够在不进入正式法律诉讼程序的情况下解决争议；而诉讼则适用于较为复杂或涉及较大金额的法律纠纷。企业应在法律顾问的指导下，选择最适合的解决方式，并采取积极的措施保护自身权益。在合同纠纷中，企业可以通过协商解决争议，或请求仲裁机构进行仲裁；如果调解和仲裁无法解决问题，企业应依法提起诉讼，寻求法律裁决。企业应教育和培训员工，提升他们的法律意识和维权能力，使其能够在遇到法律问题时采取适当的行动。企业应鼓励员工报告可能的违法行为或合规问题，并采取措施加以整改。通过增强维权意识，企业可以及时发现和解决潜在的法律风险，从而减少对企业合法权益的侵害。同时，尊重他人的合法权益也是企业维权的重要原则。在维护自身合法权益的同时，企业应尊重合作伙伴、员工及其他利益相关者的合法权益，避免因侵害他人权益而引发的法律纠纷。通过严格遵守法律法规、积极采取合法手段解决法律纠纷、增强维权意识和尊重他人的合法权益，企业能够有效维护自身的合法权益，确保业务的稳定和可持续发展。这不仅有助于减少法律风险，还能增强企业的市场竞争力和社会声誉。

第三节　大学生创新创业团队法律意识的培养与教育

在大学生创新创业过程中，法律意识的培养与教育对确保创业活动的合法性和减少法律风险至关重要。通过系统的法律教育和培训，团队成员可以增强法律意识，理解相关法律法规，从而更好地应对法律挑战。

一、法律基础知识教育

（一）开展法律基础课程

开展法律基础课程是大学生创新创业团队法律意识培养的关键步骤。通过提供系统化的法律教育，团队成员能够掌握与创业相关的法律知识，建立起必要的法律意识和合规操作能力。法律基础课程应涵盖创业过程中常见的法律领域，包括合同法、知识产权法、劳动法和税法等。这些课程的设计应注重实用性和针对性，确保团队成员能够理解并应用相关的法律知识。合同法课程应详细介绍合同的基本要素，如合同主体、合同内容、合同的签订和履行等。课程还应讲解常见的合同纠纷处理方法，如合同的变更、解除和违约责任等。通过这种全面的教学，团队成员可以掌握处理合同事务的基本法律原则，从而在实际操作中更加自信和合规。

知识产权包括专利、商标和版权等，涉及企业的创新成果和品牌保护。课程应教授团队成员如何申请和维护知识产权，如何应对侵权行为，并提供实际案例分析。课程可以讲解专利申请的流程、商标注册的注意事项，以及版权保护的基本方法。通过对知识产权法的学习，团队成员能够更好地理解如何保护自己的创新和创作成果，避免因知识产权问题引发的法律纠纷。劳动法涉及员工的招聘、工资、福利、工作时间等方面，直接影响到团队的用人管理。课程应讲解劳动法的基本规定，包括劳动合同的签订和履行、员工权益的保障、劳动争议的解决等。通过学习劳动法，团队成员可以了解如何合法合规地管理员工，避免因劳动用工问题引发的法律纠纷。税法课程应涵盖企业税务申报、税种分类、税务筹划和税务检查等内容。通过系统的税法教育，团队成员能够了解企业在税务方面的法律义务，合理规划税务，避免因税务问题引发的法律风险。

（二）邀请法律专家举办讲座

定期邀请法律专家或律师举办讲座和研讨会是提升大学生创新创业团队法律意识的有效方式。通过专家讲解，团队成员不仅可以获得系统的法律知识，还能深入了解实际案例中的法律问题及解决策略。这种形式的培训有助于将理论知识与实践经验结合起来，从而增强团队成员的法律意识和应对能力。以下将详细论述如何举办此类讲座。专家通常拥有丰富的法律背景和实战经验，能够为团队成员提供专业的法律见解。讲座内容应覆盖创业过程中的常见法律问题，例如，合同签署中的法律风险、知识产权的保护、劳动用工的法律规范、税务合规等。通过专家的讲解，团队成员可以了解在实际操作中可能遇到的法律问题，并获得专业的解决建议。律师在讲座中可以详细讲解如何在签订合同前进行法律审核，如何有效地保护企业的知识产权等。这样的知识传授不仅有助于提升团队的法律素养，还能帮助团队成员在创业过程中避免常见的法律陷阱。

在讲座中，专家可以分享一些实际的法律案例，讲解这些案例中的法律问题及其解决过程。这种案例分析可以帮助团队成员将抽象的法律理论与具体的实践情境结合起来。专家可以介绍一个有关知识产权侵权的案例，讲解在发现侵权行为后采取何种法律措施、如何收集证据并与侵权方进行谈判。通过对真实案例的分析，团队成员可以更直观地了解法律风险的实际表现，以及有效应对方法。邀请法律专家开展讲座还有助于激发团队成员对法律问题的关注和思考。在与专家互动的过程中，团队成员可以提出自己在实际操作中遇到的法律问题，并得到专家的解答。这种互动交流不仅可以解答团队成员的疑问，还能够提高他们对法律问题的敏感性和解决能力。在讲座后安排问答环节，让团队成员就自己关心的法律问题与专家进行讨论，可以帮助他们更深入地理解法律知识并应用于实际工作中。通过定期的法律专家讲座，大学生创业团队能够在法律知识的学习和实际应用上得到全面提升。这不仅有助于团队成员在日常工作中自觉遵守法律法规，还能增强他们在面对法律问题时的应对能力，从而为创业活动的顺利开展提供坚实的法律保障。

二、法律风险识别与管理培训

（一）模拟法律风险情景

通过这种培训方式，团队成员能够在接近真实的环境中理解和处理法律风险，进而提高其识别和应对法律问题的能力。模拟训练不仅有助于理论知识的应用，还能增强团队成员的实战能力。以下将详细论述如何通过模拟法律风险情景实现这些目标。模拟法律风险情景的核心在于设计接近实际的法律问题情境，通过角色扮演和案例讨论的方式，使团队成员在"实践"中学习法律知识。设计一个模拟的合同纠纷情景，其中包括合同签署过程中出现的争议、合同条款的争论，以及如何处理合同违约等问题。团队成员可以分别扮演合同的当事人、律师和调解员等角色，通过角色扮演的方式模拟合同纠纷的处理过程。这种方式使团队成员能够在具体情境中理解法律问题，并体验不同角色的视角和应对策略，从而提高解决实际问题的能力。

通过分析真实或虚构的法律案例，团队成员可以深入了解法律风险的实际应用。可以选择一个与企业运营相关的知识产权侵权案例，讨论其中涉及的法律问题、法律适用和解决策略。在讨论中，团队成员可以分组进行案例分析，提出自己的见解和解决方案，最后由专家进行点评和指导。这种互动式的学习方式不仅能帮助团队成员理解法律条款的具体应用，还能提升他们的法律思维能力和问题解决能力。在模拟过程中，团队成员应学习如何收集和整理证据、如何进行法律论证和谈判、如何编写法律文件等实际技能。在模拟的合同纠纷处理中，团队成员应学会如何整理合同文本、收集相关证据、编写法律意见书等。这些实际操作的训练有助于团队成员在面临真实法律风险时，能够快速而准确地采取相应的措施。

（二）制定风险管理策略

在大学生创新创业团队中，制定和实施有效的风险管理策略是关键的一步，它有助于预防和应对法律风险。团队成员能够掌握识别潜在法律风险、采取预防措施及处理法律纠纷等基本技能。以下将详细论述如何通过培训制定风险管理策略，以减少法律风险对创业活动的影响。团队成员需要学习如何在不同的业务环节中发现法律隐患，如合同签署、知识产权管理、劳动用工等。团队成员应了解在签署合同前需要进行哪些法律审查，包括条款的合法性和合规性；在知识产权管理中，如何识别潜在的侵权问题；如何确保员工合同的合法性和合规性。通过培训，团队成员可以掌握识别法律风险的基本方法和技巧，如进行法律法规的学习、案例分析等，从而在实际操作中更加敏锐地察觉潜在的法律问题。

团队成员应学习如何通过制定合理的规章制度和流程来预防法律风险。可以制定详细的合同管理制度，对合同的审查、签署、履行和变更进行规范；建立知识产权保护机制，定期进行知识产权的注册和维护；制定劳动管理政策，确保员工权益的合法保障。通过这种预防性措施，团队可以在法律风险发生之前进行有效控制和管理，减少风险的发生概率。团队成员应了解在法律纠纷发生时，如何采取适当的法律手段进行应对。当出现合同纠纷时，团队成员应学习如何进行谈判和调解，必要时采取仲裁或诉讼程序。培训可以包括对纠纷处理流程的讲解，如证据收集、法律论证、法律诉讼和仲裁申请等步骤。团队成员能够在法律纠纷中有效应对，维护企业的合法权益。手册应包括法律风险识别的方法、预防措施的实施细则、法律纠纷处理的流程等内容。团队成员可以根据手册的指导，在日常工作中进行法律风险的管理和控制。通过制定和使用法律风险管理手册，团队能够系统化地管理法律风险，提高整体的法律合规水平。

三、实践经验分享与案例学习

（一）分享实际创业案例

鼓励团队成员分享实际创业经历和法律问题解决案例，是提升大学生创新创业团队法律意识的有效策略。通过实际案例的交流与讨论，团队成员不仅能够了解到其他人如何处理法律问题，还能够从中吸取经验教训。这种分享机制有助于将理论知识转化为实际操作技能，并促进团队成员在面对类似问题时更加自信和熟练。以下将详细论述如何通过分享实际创业案例来实现这些目标。每个创业者在创业过程中都会遇到各种法律问题，这些问题的解决方法和处理经验对于其他团队成员具有重要的参考价值。一位团队成员可以分享自己在合同签署过程中遇到的法律争议，介绍具体的解决策略和应对措施。这种经验分享不仅能够让其他成员了解如何处理类似的法律问题，还能帮助他们避免在相似情况下犯同样的错误。通过案例分享，团队成员能够更加深入地理解法律问题的实际操作，并掌握实用的解决技巧。

在案例分享会上，团队成员可以轮流展示自己在创业过程中遇到的法律问题及其解决方案。通过讨论这些实际案例，团队成员不仅可以获得关于法律问题的直接反馈，还能够在交流中获得新的见解和解决思路。某次分享会上，一位成员介绍了如何处理知识产权侵权问题，另一个成员则分享了关于劳动合同争议的处理经验。通过这样的交流，团队成员可以互相学习、借鉴成功的处理策略，并将这些经验应用到自己的创业实践中。实践经验的分享有助于建立团队成员的法律风险意识。通过讨论实际案例，团队成员能够意识到在创业过程中可能遇到的各种法律风险，并了解如何通过有效的措施进行预防和应对。这种认识能够增强团队成员的法律敏感性，使他们在未来的创业活动中更加注重法律风险的识别和管理。此外，分享关于税务合规的案例，能够提醒团队成员在财务操作中注意税务法规，避免因税务问题引发的法律纠纷。通过分享各自的经验和教训，团队成员可以建立更加紧密的合作关系，共同解决法律问题。这种合作不仅有助于提高团队的整体法律素养，还能增强团队的凝聚力和协作精神。在分享过程中，团队成员可以提出自己的看法和建议，帮助其他成员更好地解决遇到的法律问题。

（二）分析经典法律案例

对经典法律案例进行深入分析，是提升大学生创新创业团队法律意识和应用能力的重要方法。通过对具体案例的学习，团队成员不仅能够掌握法律原则和应用技巧，还能将理论知识与实践经验结合起来。以下将详细论述如何通过经典案例分析来增强法律意识，并提高团队成员在实际创业中的法律能力。经典法律案例为团队成员提供了生动的法律实践示例。这些案例通常涵盖了合同纠纷、知识产权侵权、劳动争议等不同领域，通过对这些经典案例的分析，团队成员可以了解法律原则在实际操作中的具体应用。分析一起涉及合同违约的经典案例，可以帮助团队成员理解合同法中的违约责任、损害赔偿及合同履行的基本原则。这种具体的案例分析能够让团队成员在面对类似问题时，更加清楚地知道如何应用法律原则进行解决。

在对经典案例进行深入讨论时，团队成员可以学习到案件中的处理流程和解决方法。在分析知识产权侵权案件时，团队成员可以了解如何收集证据、如何进行法律论证，以及如何与侵权方进行谈判。这种技能的掌握不仅有助于提高团队成员的法律素养，还能在实际创业过程中有效地应对法律风险。通过对经典案例的学习，团队成员能够增强对法律风险的敏感性。经典案例通常涉及创业过程中常见的法律问题，通过对这些案例的分析，团队成员能够识别出潜在的法律风险，并学习如何采取预防措施。通过对劳动争议案例的分析，团队成员可以了解劳动合同中常见的争议点，并掌握如何在合同中明确条款以避免争议。这种风险意识的提升能够帮助团队成员在日常工作中更加关注法律问题，并采取有效的措施进行防范。

许多经典案件都涉及复杂的法律问题和多方面的法律争论，通过对这些案件的详细分析，团队成员可以学会如何处理复杂的法律问题，并找到有效的解决方案。分析一个涉及多方利益的合同纠纷案例，可以帮助团队成员学习如何平衡各方利益、制定合理的合同条款，并进行有效的法律沟通。这种能力的培养不仅提升了团队成员的法律素养，还增强了他们在面对复杂法律问题时的处理能力。

四、法律意识的持续教育与更新

（一）关注法律法规的动态变化

法律法规的不断变化对团队成员的法律意识提出了持续的挑战。为了确保创业活动符合最新的法律要求，团队成员必须保持对法律动态的敏感性，并适时关注更新的法律知识。以下将详细论述如何通过关注法律法规的动态变化，提升团队的法律意识，确保创业活动合法合规。税法的变化可能影响到企业的税务规划和纳税义务；知识产权法的修订可能对企业的知识产权保护策略产生影响。团队成员应通过订阅法律资讯、关注相关法律网站和官方发布的信息，及时获取最新的法律动态。定期更新法律知识能够帮助团队成员及时调整企业的操作策略，以适应法律环境的变化，从而避免因未及时了解法律变动而引发的合规风险。

法律研讨会通常由法律专家和学者主办，能够提供关于最新法律法规的深度解析和实践应用。通过参与这些活动，团队成员可以直接从法律专家那里获得最新的法律信息和解读，并就相关问题进行互动讨论。法律培训课程也提供了针对性的法律知识教育，帮助团队成员更好地理解法律法规的实际应用和变动带来的影响。通过这些学习机会，团队成员能够在日常工作中更加自信地应对法律问题，确保企业操作始终符合最新的法律要求。团队可以建立法律信息更新机制，将法律动态纳入日常工作流程。可以设立专门的法律信息收集和分析小组，负责跟踪法律法规的变化，并将最新信息及时传达给团队成员。该小组可以定期编制法律动态报告，并在团队会议上进行分享。这种机制不仅能够提高团队成员对法律变化的敏感性，还能确保每位成员都能迅速获得相关的法律更新信息，从而在实际操作中做出相应的调整。法律法规的变化可能影响企业的战略规划和运营决策。通过对法律动态的持续关注，团队能够在制定企业战略和规划时充分考虑法律合规因素，预防潜在的法律风险，优化企业的合规管理。这种前瞻性的法律合规战略将有助于企业在法律环境变化中保持稳健运营，减少法律风险对企业发展的影响。

（二）设立法律知识更新机制

通过设立内部的法律知识更新机制，企业能够不断提升团队成员的法律意识和知识水平，从而应对不断变化的法律环境。以下将详细探讨如何建立并实施这一机制，以保障企业的法律合规性。通过系统的法律培训，团队成员可以学习到最新的法律法规和实践操作技巧。这些培训应涵盖企业运营中涉及的主要法律领域，如合同法、知识产权法、劳动法和税法等。培训内容可以包括法律法规的最新动态、实际案例分析、法律风险管理策略等。定期举办培训课程可以帮助团队成员了解最近的法律修订和政策变化，使其能够及时调整企业的合规策略。邀请外部法律专家进行讲解，能够为团队成员提供专业的法律见解和实践经验。

通过组织案例讨论会和经验分享会，团队成员可以学习到其他人处理法律问题的实际经验。这些分享会可以邀请公司内部或外部的专家和实践者，分享他们在处理法律问题过程中的经验和教训。通过讨论涉及合同纠纷、知识产权保护或劳动争议的实际案例，分析其中的法律问题和解决方案，团队成员能够更好地理解法律法规的应用，并从实际操作中获得启示。企业可以设立专门的法律咨询小组或平台，供团队成员在遇到法律问题时进行咨询和讨论。这种平台可以包括内部法律专家的咨询和外部法律服务提供商的支持。团队成员在平台上可以提出法律问题或困惑，并获得专业的法律建议和解决方案。这不仅有助于解决实际问题，还能促进团队成员对法律问题的深入理解和学习。

企业还应定期进行法律知识评估，以确保更新机制的有效性，不断提高团队成员的法律知识水平。可以通过定期测试、问卷调查或反馈机制，评估团队成员对法律知识的掌握情况，并根据评估结果调整培训内容和方法。这种评估有助于了解法律知识更新机制的实施效果，并发现可能存在的不足，从而进行相应的改进。

第六章　大学生创新创业法律纠纷解决

第一节　大学生创新创业合同纠纷解决方法

有效解决合同纠纷不仅能保护企业的合法权益，还能维持良好的商业关系。以下将分点论述大学生创新创业合同纠纷的解决方法。

一、明确合同条款和双方责任

（一）明确合同条款的重要性

合同条款的具体和详尽不仅能确保双方对各自的权利和义务有清晰理解，还能为处理潜在争议提供明确的依据。以下将详细论述明确合同条款在避免纠纷中的关键作用。详细的合同条款可以有效预防因误解或模糊条款引发的纠纷。在签署合同前，双方应仔细商讨并明确合同中的每一项条款，确保其内容全面、准确。合同中应明确服务的具体内容、交付标准及完成的时间节点。假如合同中规定了产品的交付时间，但没有具体说明质量标准。那么，一旦产品质量不符合预期，双方就可能因为"质量标准"的模糊定义而发生争议。因此，详细描述质量标准及验收方式，能够确保双方对合同要求的理解一致，从而减少纠纷发生的可能性。

明确的合同条款有助于建立双方的预期，并在问题出现时提供清晰的解决依据。在合同中列明各项条款，如付款方式、违约责任和争议解决机制，可以在合同履行过程中为双方提供明确的指引。合同应规定付款的具体时间和方式，包括分期付款或一次性付款，以及逾期付款的处理措施。若合同中约定了违约责任，例如，迟延交付的赔偿金额或违约金，那么，当一方未按合同履行义务时，另一方可以根据合同条款要求赔偿，避免因争议而影响双方关系。双方在合同签署时若对条款有明确的了解和认可，会在履行过程中更加自觉地遵守合同约定。具体条款如项目进度的详细安排、责任分配等，可以帮助双方在执行过程中按部就班地推进，避免因缺乏明确指引而产生的误解或争议。若合同中明确规定了项目的里程碑和验收标准，团队成员可以按照这些规定进行项目实施，并在每个阶段进行验收，确保项目按合同要求进行。当合同纠纷发生时，详细的条款能够为法律机构提供明确的判断依据，使得纠纷的解决更加高效、公正。合同中的争议解决条款可以规定选择何种争议解决方式，如调解、仲裁或诉讼，这为争议的处理提供了明确的方向和步骤。法庭或仲裁机构可以根据合同中的详细条款，判断双方的权利和义务，做出合理的裁决。

（二）双方责任的清晰划分

合同中应详细列明双方在合同履行过程中的具体任务和义务。在一份服务合同中，应明确服务提供方的职责，包括服务的具体内容、服务质量标准，以及服务完成的时间节点。同时，合同中应规定接受方的配合义务，如提供必要的资料或支付相应的费用。这种详细的责任划分能确保双方在合同执行过程中对各自的职责有清晰理解，从而减少因误解而产生的争议。合同中应包含对违约后果的具体规定，如违约金、赔偿金额或其他法律责任。这些条款可以在合同一方未能履行义务时，提供清晰的处理方案。合同中可以规定如果服务方未能按时交付服务，则需支付一定的违约金，或接受方如果未按时付款，则需支付逾期利息。明确的违约后果有助于在出现纠纷时，依据合同条款进行合理处理和解决，保护双方的合法权益。

通过在合同中详细列出双方的任务和完成标准，双方可以在执行合同时更有针对性地进行工作，避免因职责不明确而导致的延误。如果合同中规定了项目的分阶段完成要求，那么，每个阶段的任务和标准都需清晰列出。这样可以确保双方按计划推进工作，提高项目的整体执行效率。如果出现问题或争议，清晰的责任划分使得问题的追溯和责任的确认变得更加容易。双方可以根据合同中规定的任务和标准，追溯到具体的履行过程，从而找到问题的根源并采取适当的解决措施。通过对双方责任的清晰划分，还可以增强合同执行的信任和合作。明确的责任划分不仅能让双方对合同履行有清晰的预期，还能在合同履行过程中建立起良好的信任关系。双方在明确各自责任的基础上，更容易建立稳定的合作关系，减少因责任不明确而产生的摩擦和冲突。

二、建立有效的沟通和协商机制

(一) 沟通的重要性

沟通不仅可以帮助双方及时发现和解决问题，还能减少因信息不对称而引发的误解和争议。以下将详细探讨沟通在解决合同纠纷中的重要性及其实施方式。定期的沟通能够确保双方对合同执行的进展和问题保持一致。双方应建立定期的沟通机制，定期检查合同的执行情况，及时了解对方的反馈和问题。定期召开合同执行的进度会议，双方可以讨论合同履行中的进展、存在的问题及可能的解决方案。双方能够及时识别和解决合同执行中的潜在问题，避免因信息不对称而导致的争议加剧。

当合同履行过程中出现问题时，如交付延迟或服务质量不达标，双方应立即展开沟通。通过积极主动地讨论问题，双方可以协商解决方案，如调整履行时间、修改合同条款或采取其他补救措施。及时沟通可以有效地遏制问题的扩展，防止问题因拖延而导致更严重的后果。同时，及时沟通还能展示双方解决问题的诚意，促进纠纷的和解与解决。建立良好的沟通渠道和机制有助于增强双方的信任关系。建立开放和透明的沟通渠道，可以减少双方的猜疑和误解。双方可以设立专门的联系窗口或负责人，负责处理合同履行中的沟通事务。这种机制可以确保沟通的高效性和针对性，提升双方的合作效率。同时，良好的沟通也有助于维护双方的合作关系，促进长期的合作与发展。沟通不仅限于合同执行中的问题解决，还包括合同履行过程中的正常协调和信息共享。在项目进度管理中，双方应定期更新项目的进展情况，及时分享相关信息和变更通知。通过这种持续的沟通，双方可以共同制定并合理调整计划，确保合同履行的顺利进行。

(二) 协商解决方案

在合同纠纷发生时，协商解决通常是一种有效的方式。通过协商，团队成员能够与合同对方共同探讨并达成解决方案，从而化解争议并恢复合作关系。以下将详细论述协商解决方案的重要性及其实施策略。当合同履行过程中出现纠纷时，双方可以通过协商来调整合同条款、延长履行时间或采取其他补救措施。如果一方未能按时交付产品，双方可以通过协商调整交付时间，或在合同中添加延迟交付的补充条款。这种灵活的调整能够满足双方的需求，同时解决实际问题，避免因合同条款僵化而导致更严重的争议。

协商解决方案有助于双方达成共识，保持良好的合作关系。通过开放和诚恳的沟通，双方能够理解对方的困境和需求，从而找到互利的解决方案。如果一方由于财务问题暂时无法履行合同条款，另一方可以通过协商同意分期履行合同，或提供延期付款的条件。这种合作态度不仅可以解决当前的纠纷，还能增强双方的信任和合作意愿，为未来的合作奠定基础。在进行协商时，团队成员应详细记录协商过程，包括讨论的内容、达成的协议及双方的承诺。记录不仅有助于追踪解决方案的实施情况，还能在后续发生争议时作为证据。将协商结果形成书面文件能够确保协议的正式性和约束力，同时，为后续的执行和可能的法律程序提供支持。团队成员在协商过程中应展现出解决问题的诚意，并尽可能提出合理的解决方案。这种积极的态度有助于营造良好的谈判氛围，使双方能够更加顺利地达成一致。此外，团队成员应具备一定的谈判技巧和法律知识，以便在协商中有效地保护自身权益，同时找到双方都能接受的解决方案。

三、寻求法律咨询和专业帮助

（一）法律咨询的必要性

团队成员在处理合同纠纷时，及时咨询法律专家或律师，可以获得专业的法律意见和指导。以下将详细论述法律咨询在解决合同纠纷中的必要性及其具体作用。合同条款的合法性直接关系到纠纷的解决和各方权益的保护。律师或法律专家可以从法律的角度审查合同条款，识别其中的法律风险和潜在问题。法律专家能够判断合同条款是否符合相关法律法规的要求，是否存在违法或不公平的条款。这种专业的分析能够帮助团队成员了解合同中的法律风险，并为纠纷的解决提供依据。

律师可以帮助团队成员分析纠纷的具体情况，判断纠纷是由于合同履行不当、违约还是其他原因造成的。律师可以通过审查合同履行的证据和相关文件，评估纠纷的性质和可能的法律后果。这种评估能够帮助团队成员明确纠纷的处理方向。寻求专业的法律建议可以帮助团队成员找到合理的解决方案。律师不仅可以建议如何修改合同条款以防止未来纠纷，还可以提出具体的解决措施，如调解、仲裁或诉讼等。团队成员能够获得法律专家的指导，选择最佳的解决方案，并在必要时得到法律援助。

法律咨询还有助于确保合同执行过程中的合规性。法律专家可以提供法律意见，确保合同的每一个环节都符合相关法律法规。律师可以建议如何合法地履行合同义务，避免因不合规操作而引发新的纠纷。这种前瞻性的法律支持能够帮助团队成员在合同执行过程中预防潜在的法律风险。在合同纠纷无法通过协商解决时，法律咨询可以帮助团队成员准备必要的法律文件和证据。律师可以协助收集和整理相关证据，为可能的仲裁或诉讼做好充分的准备。律师可以帮助起草法律文件、准备证据材料，并提供诉讼策略建议。这种全面的法律准备能够提高纠纷解决的效率和成功率。

（二）专业帮助的作用

在处理合同纠纷时，除了法律咨询之外，专业的法律服务，如调解和仲裁，扮演着重要的角色。这些服务不仅可以在法律框架内有效解决争议，还能避免诉讼所带来的时间和成本负担。以下将详细探讨专业帮助在合同纠纷解决中的作用及其优势。调解是一种非对抗性的争议解决方式，通过中立的调解员帮助争议各方达成一致。调解员通常具备丰富的法律和调解经验，可以在双方之间沟通协调，帮助他们找到一个双方都能接受的解决方案。当合同履行中出现争议时，调解员可以调动双方的意愿，促进他们在一个中立的环境中讨论问题，从而找到解决争议的途径。调解的过程通常较为灵活和高效，能够在较短的时间内达成解决方案，节省了时间和诉讼成本。

仲裁是另一种专业的争议解决方式，它通过仲裁委员会或仲裁员对合同纠纷进行裁决。仲裁具有一定的正式性和权威性，其裁决通常被视为具有法律效力。当合同双方对某一争议无法通过调解达成一致时，可以选择仲裁来进行裁决。仲裁员会依据合同条款和相关法律对争议进行判断，并作出裁决。仲裁的优势在于其过程通常较为迅速，并且仲裁裁决的执行力较强，可以有效地解决复杂的合同纠纷。调解和仲裁相比于诉讼，通常能节省时间和成本。诉讼程序烦琐且耗时，往往需要较长时间的法庭审理和多次的法律程序。相较之下，调解和仲裁通常可以在较短的时间内完成，且费用较低。调解和仲裁的费用通常包括调解员或仲裁员的报酬及必要的行政费用，相对而言，诉讼所需的律师费、法院费用和可能的长期案件处理成本要高得多。通过选择调解或仲裁，合同纠纷的各方可以减少时间和财务上的负担，迅速恢复正常的业务运作。调解和仲裁还能够保密争议的解决过程，维护企业的声誉。在公开的法院诉讼中，案件细节可能会被公开报道，影响企业形象。而调解和仲裁通常在私密的环境中进行，双方可以确保业务秘密和敏感信息的安全和完整，这对维护企业声誉和商业机密尤为重要。

四、利用法律途径进行解决

（一）诉讼的选择

在合同纠纷的解决过程中，当协商和调解无法有效化解争议时，诉讼成为最后的解决途径。团队成员应了解诉讼流程的各个阶段，包括起诉、审理和判决等步骤，以便在需要时做出明智的决策。团队成员在决定诉讼前，应准备好相关的证据和材料，包括合同文本、履行记录、通信记录等。起诉前的准备工作至关重要，因为这些材料将用于支持诉讼请求。起诉的过程通常包括向法院提交起诉状，明确争议的事实、请求的法律救济和相关证据。准备充分的材料可以提高诉讼的成功率，确保法院能够全面了解争议的背景和双方的主张。

在审理阶段，法院将对案件进行全面的审查，包括听取双方当事人的陈述、审查证据和法律文件等。团队成员应积极参与审理过程，提供充分的证据支持自己的主张，并对对方提出的证据进行反驳。法院可能安排庭审，双方需要在法庭上陈述各自的观点，并对证据进行质证。在这一过程中，团队成员可以通过律师的帮助，确保法律程序的规范和公正，争取最有利的判决结果。法院将根据案件的审理结果和法律规定作出裁决，判决可能包括要求违约方履行合同、支付赔偿金或其他救济措施。团队成员在判决后应认真阅读判决书，了解法院的裁决内容及其对双方的法律后果。若判决结果不如预期，还可以通过上诉程序对判决进行复审。判决阶段的结果对合同纠纷的解决至关重要，它不仅解决了争议，还为双方的未来行为提供了法律依据。

诉讼虽然是一种解决合同纠纷的有效手段，但也可能带来较高的时间和成本负担。诉讼过程烦琐且耗时，涉及的法律费用和诉讼费用也可能较高。因此，在选择诉讼作为解决合同纠纷的途径时，团队成员应综合考虑各种因素，包括诉讼的可能成本、时间投入及诉讼结果的可预见性。同时，也应评估诉讼是否能有效保护自身权益，或是否还有其他更为合适的解决方案。

（二）诉讼的准备工作

团队成员在启动诉讼之前，需要仔细收集和整理所有相关证据，同时选择合适的律师进行代理。这些准备工作不仅有助于在法庭上有效地证明自己的立场和要求，而且能提高诉讼的成功率。以下将详细论述诉讼准备工作的具体步骤和其重要性。团队成员需要全面收集与争议相关的证据，包括合同文本、履行记录、沟通记录、邮件往来等。这些证据将作为诉讼中的重要支持材料，帮助法庭理解案件的事实背景。合同文本可以证明合同的具体条款和约定，履行记录能够展示各方是否履行了合同义务，而沟通记录则有助于展示争议的经过和双方的主张。在整理证据时，应确保其真实性和完整性，按时间顺序进行归档，以便在法庭上有条不紊地进行陈述。

律师不仅可以提供专业的法律建议，还能够帮助团队成员制定有效的诉讼策略。经验丰富的律师能够分析案件的法律要点，评估证据的有效性，并为诉讼提供指导。律师可以帮助撰写起诉状、准备庭审材料，以及在法庭上代表团队成员进行辩护。选择合适的律师能够提高诉讼的成功率，确保法律程序的规范和高效。准备工作还包括对诉讼流程的熟悉和规划。团队成员应了解诉讼的各个阶段，包括起诉、审理、判决等，并制定详细的诉讼计划。这一计划应包括诉讼的时间安排、关键节点和所需的资源。了解法院的审理时间表可以帮助团队成员合理安排诉讼进程,确保所有材料按时提交。同时,应对可能的诉讼风险进行评估,制定相应的应对策略,以应对诉讼过程中可能出现的各种问题。

五、建立预防机制

(一)合同管理制度的建设

为降低合同纠纷的发生率,团队必须建立健全的合同管理制度。有效的合同管理不仅能够确保合同在签署后的各个阶段都得到妥善管理,还能在合同执行过程中预防和解决可能出现的问题。以下将详细探讨合同管理制度的建设,包括合同的审核、签署、执行和变更等环节的管理。合同审核环节应当在合同签署前进行,以确保合同条款的合法性和合理性。团队成员需要对合同内容进行详细审查,包括权利义务的明确、合同条款的合法性、违约责任的规定等。专业的法律人员或律师的参与可以提高审核的准确性,避免合同条款存在潜在的法律风险。法律人员可以识别合同中的不公平条款或法律漏洞,并建议修改或补充相应的条款,以确保合同的完整性和有效性。

团队成员应确保所有的合同条款已经得到双方的充分理解和认可。签署合同的过程应遵循严格的程序,确保合同的签署具有法律效力。合同的签署应由授权代表进行,避免因签署人的权限问题引发法律纠纷。可以进行双重确认,确保合同文本无误且所有签署人都具备相应的授权。团队应对合同的执行情况进行持续跟踪,确保合同条款得到履行。这包括对合同履行进度的监督、合同义务的履行情况的检查,以及对可能出现问题的及时处理。定期召开合同执行情况的会议,跟进合同履行的进展,及时解决执行过程中遇到的问题。这种主动的管理方式可以避免合同履行过程中的误解和纠纷。

合同在执行过程中可能会因各种原因需要变更,因此,团队应建立合同变更的管理流程。任何合同变更都应经过双方的协商,并以书面形式进行确认。记录合同变更的过程和内容,确保合同的变更合法有效,并避免未来因变更引发的争议。变更合同条款时,可以签署补充协议,详细记录变更的内容和双方的同意情况,以确保合同的完整性和合法性。

(二)培训和教育

通过系统化的培训和教育,团队成员能够增强对合同条款的理解,识别潜在的法律风险,从而在实际操作中减少合同纠纷的发生。以下将详细论述培训和教育在合同管理中的作用及其实施方法。定期举办合同法律知识培训,有助于团队成员了解合同条款的基本构成和法律要求。通过系统化的课程,团队成员能够学习到合同的核心要素，如合同的定义、条款的性质、合同的签署和履行等。培训可以包括合同条款的详细解读，帮助团队成员掌握如何编写和审查合同条款，以确保合同的合法性和合理性。通过深入了解这些基本知识，团队成员能够在合同签署前发现潜在的问题，进行有效调整和改进，从而避免后续纠纷的发生。

通过分析实际案例和模拟练习，团队成员能够更好地理解合同执行过程中可能遇到的法律问题。培训课程可以包括合同纠纷的典型案例分析，讨论合同履行中常见的法律风险及应对策略。这种实践性的培训方式可以帮助团队成员在面对复杂的合同问题时，具备更强的识别和处理能力，从而减少合同纠纷的发生。法律法规的不断变化要求团队成员保持对最新法律信息的敏感性。定期的培训可以包括法律法规的更新，确保团队成员了解当前的法律要求和变化。培训课程可以涵盖最新的法律政策和法规变更，帮助团队成员及时调整合同管理策略，保持合同操作的合法合规。这种动态更新的培训方式能够确保团队成员在不断变化的法律环境中，依然能够有效地管理合同风险。组织研讨会、模拟合同审查、角色扮演等形式可以提高团队成员的参与感和实操能力。可以设置实际合同条款的讨论环节，让团队成员在模拟的环境中进行合同审查和风险评估，通过实践巩固所学知识。这种互动式的培训不仅能够提高团队成员的法律知识水平，还能增强他们的实际操作能力。

第二节　大学生创新创业知识产权侵权案件处理

一、明确知识产权的类型和权利

在处理知识产权侵权案件时，明确知识产权的类型及其相关权利是首要步骤。知识产权的种类繁多，每种权利的保护范围和处理方式有所不同，因此，了解这些信息对于有效应对侵权问题至关重要。

（一）专利权的确认与保护

专利权主要涉及技术创新的保护，涵盖了发明专利、实用新型专利和外观设计专利。发明专利保护新的技术方案，实用新型专利保护新的技术改进，而外观设计专利则保护产品的外观设计。团队成员在确认专利权时，需要确保专利申请已获得授权，并了解专利的具体保护范围和期限。如果某项技术创新已获得专利保护，那么，任何未经授权的复制或使用都可能构成专利侵权。因此，明确专利权的种类和范围有助于判断是否存在侵权行为，并采取适当的法律措施进行维权。

（二）著作权的界定与管理

著作权也称版权，是指作者对其创作的文学、艺术和科学作品享有的专有权利。著作权包括人身权和财产权，如发表权、署名权、修改权、复制权、发行权等。团队成员应明确自己所拥有的著作权，包括作品的创作时间、作者身份、权利范围等信息。若某作品未经授权被复制或传播，可能会构成著作权侵权。团队成员应了解著作权的相关规定，确保对作品的保护，必要时可以进行作品版权登记来增强法律保护的力度。

（三）商标权的识别与维护

商标权涉及品牌标识的保护，包括商标的注册、使用和维护。商标可以是文字、图形、字母或其组合，用于区分不同商家的产品或服务。在处理商标权的侵权案件时，团队成员需要确认商标已获得注册，并了解商标的具体保护范围和使用权。若某品牌的商标被他人未经授权使用或模仿，可能会构成商标侵权。团队成员应确保商标的注册和使用符合相关法律规定，并采取必要的措施维护商标权利，如及时进行商标注册、监控市场上商标的使用情况等。

二、收集和整理证据

（一）记录侵权行为的具体情况

团队成员需要详细记录侵权行为的具体情况，包括侵权发生的时间、地点和方式。详细的记录能够明确侵权行为的发生背景和具体情况。若发现某产品涉嫌侵犯专利权，需要记录该产品的生产和销售时间、销售地点及其涉嫌侵权的具体技术或设计。同时，还需要保留相关的销售广告或宣传材料，这些信息将有助于证明侵权行为的具体实施方式和范围。通过这些详细记录，可以为后续的法律行动提供重要的依据。

（二）收集证据材料

在确认侵权行为后，团队成员应收集和保存所有相关的证据材料。这些证据包括但不限于侵权产品的样本、产品包装、宣传资料和销售记录。对于商标侵权案件，可以拍摄侵权产品的照片，保存侵权产品的包装、标签、营销资料。对于著作权侵权案件，应保存侵权作品的复制品、相关的电子邮件或通信记录，以证明未经授权的使用或复制。这些证据材料将有助于证明侵权行为的发生，并为后续的法律行动提供支持。

（三）记录沟通和法律文书

在处理侵权案件时，记录与侵权方的沟通和相关法律文书是至关重要的。团队成员应保存所有的通信记录，包括电子邮件、信件、与侵权方的谈判记录。同时，若已采取法律行动，应保留所有相关的法律文书，如起诉状、仲裁申请书、法院判决等。这些记录能够反映法律程序的进展，并为案件的审理提供详细的背景信息。通过系统地整理这些记录，团队成员可以确保在法律行动中有充分的证据支持，并维护自身的合法权益。

三、寻求法律咨询和援助

法律专家或知识产权律师的专业意见和建议能够帮助团队成员评估案件的法律风险，并制定有效的处理策略。

（一）评估案件的法律风险和性质

法律咨询的第一步是对案件进行法律风险和性质的评估。律师将分析侵权行为是否构成知识产权的实际侵害，评估侵权行为的严重程度及可能涉及的法律条款。对于专利侵权案件，律师会审核侵权产品是否真的侵犯了专利权的具体范围；商标侵权案件则需评估侵权标识是否与注册商标具有混淆的可能性。通过对案件的全面评估，律师可以帮助团队成员了解案件的法律风险，并为后续行动提供明确的法律依据。

（二）制定有效的处理策略

在了解案件的法律风险后，律师将帮助制定有效的处理策略。这可能包括建议采取和解、调解、仲裁或诉讼等措施。律师会根据案件的具体情况，提供适合的处理方案。如果侵权行为较轻微，可能建议通过和解或调解解决争议；如果侵权行为严重，可能需要准备诉讼材料，提出正式的诉讼请求。通过制定详细的处理策略，团队成员可以更有针对性地应对侵权问题，争取合法权益的保护。

（三）指导法律程序的操作

寻求法律咨询还包括指导法律程序的操作。律师将帮助团队成员了解如何正式提出投诉或诉讼，准备必要的法律文书，并遵循相关的法律程序。律师会指导如何撰写起诉状，准备证据材料，并提交到法院；在仲裁过程中，律师将帮助准备仲裁申请书，收集相关证据，并进行必要的辩护。通过专业指导，团队成员可以确保法律程序的合规性，提升案件处理的效率和成功率。

（四）了解权利和义务

法律咨询还包括帮助团队成员了解自身在法律上的权利和义务。律师将解释知识产权相关的法律规定，明确团队成员在案件中的法律地位和可行的法律途径。律师会讲解在侵权案件中可能获得的法律救济措施，如赔偿损失、停止侵权行为、公开道歉等。同时，律师还会告知团队成员在案件处理中需要履行的义务，如证据提供、法院出庭等。了解权利和义务有助于团队成员全面把握案件的法律状况，为最终解决问题奠定基础。

四、采取法律措施

在获得法律咨询和援助后，团队成员可以依据专业建议采取适当的法律措施来处理知识产权侵权案件。常见的法律措施包括发出律师函、进行调解或仲裁、提起诉讼等。

（一）发出律师函

发出律师函是一种正式通知侵权方其行为已构成侵权的法律措施。律师函通常用于明确表述侵权行为的性质，要求侵权方立即停止侵权行为，并进行赔偿。律师函的主要目的是通过正式的法律文书，向侵权方传达严肃的法律态度，促使其主动解决争议，避免进一步的法律行动。律师函应包括侵权行为的详细说明、相关法律条款的引用、要求的具体措施，以及处理争议的时限。可以在诉讼之前达成和解，节省时间和成本。

（二）进行调解

调解是一种非诉讼的争议解决方式，通过第三方调解机构的介入来解决争议。调解的主要目的是在双方自愿的基础上，通过调解员的协助达成和解协议。调解员可以帮助双方讨论侵权行为的具体问题，提出合理的补救措施，如修改或撤销侵权产品，或达成赔偿协议。调解可以有效降低法律费用和处理时间，但需要双方的合作和诚意。

（三）进行仲裁

仲裁是另一种非诉讼的法律争议解决方式，由专门的仲裁机构根据合同或法律规定做出裁决。仲裁通常比法院诉讼更为迅速，且仲裁裁决具有法律效力，适用于合同中约定了仲裁条款的案件。团队成员需要向仲裁机构提交仲裁申请，并准备充分的证据材料，以支持自己的主张。仲裁过程中，仲裁员会依据法律和合同条款做出裁决。仲裁结果通常是终局的，不可再上诉，但可以通过法院执行仲裁裁决。

（四）提起诉讼

当调解和仲裁措施无效时，提起诉讼是进一步保护自身权益的途径。在提起诉讼之前，团队成员应准备充分的证据，确保遵循法律程序。需撰写起诉状。诉讼过程包括法院的立案、审理、判决等环节。在诉讼过程中，团队成员应密切配合律师，提供所有必要的证据和材料，参与庭审，争取法院的有利判决。通过诉讼，法院将依据法律条款和合同内容作出公正的裁决，为团队成员提供法律上的支持和保护。

五、维护知识产权并加强预防

处理完知识产权侵权案件后，团队成员需要进一步关注知识产权的长期维护和保护。通过定期检查、更新知识产权注册状态，以及加强内部管理和员工培训，可以有效防止未来的侵权问题。

（一）定期检查和更新知识产权状态

知识产权的维护需要定期检查和更新其注册状态。团队成员应确保所有知识产权（如专利、商标、著作权等）的注册是有效的，并及时续费以保持其法律保护。专利和商标的注册需要定期续展，避免因注册过期而失去法律保护。同时，团队还应监控知识产权的市场使用情况，确保没有未经授权的使用或侵权行为。

（二）制定详细的知识产权管理制度

为确保知识产权的有效管理，团队应制定详细的知识产权管理制度。管理制度应包括知识产权的申请、保护、维护和利用等方面的规定。制度可以规定专利申请的流程、商标使用的规范、版权管理的措施等。管理制度还应明确知识产权的所有权和使用权的分配，以避免内部纠纷。通过制定和执行这样的制度，团队能够系统化地管理知识产权，减少管理漏洞和风险。

（三）开展知识产权培训

加强对团队成员的知识产权培训，有助于提高他们对知识产权保护的认识和意识。培训内容应包括知识产权的基本概念、保护措施、侵权风险及处理方法。通过模拟案例和实际操作的训练，使团队成员能够在日常工作中识别和预防潜在的知识产权问题。可以定期举办知识产权保护讲座，邀请专家进行现场指导，或利用在线课程进行培训。团队成员可以掌握保护创新成果的基本技能，增强对知识产权的重视程度。

（四）加强知识产权的内部管理

团队还应加强知识产权的内部管理，以提高整体的保护效率。这包括设立专门的知识产权管理岗位或部门，负责知识产权的日常维护和管理工作。管理部门可以负责监控市场上的侵权行为、处理相关的法律事务、与知识产权代理机构和律师沟通等。内部管理还应包括对团队成员的定期评估和反馈，确保他们了解和遵守知识产权相关的规定。通过加强内部管理，团队可以更有效地维护知识产权，防止未来的侵权问题。

第三节　大学生创新创业劳动纠纷解决途径

劳动纠纷可能会成为一个重要问题，影响创业团队的正常运作。为了有效解决劳动纠纷，团队成员应了解并采取适当的解决途径。

一、明确劳动合同的条款

建立明确、全面的劳动合同是预防和解决劳动纠纷的基础。劳动合同作为雇佣关系的法律文件，应详尽地列出所有关键条款，包括工作职责、薪酬、工作时间、休假、合同终止等方面。合同必须明确规定工作的具体内容和职责。这不仅帮助员工清晰了解自己的工作范围，也为解决日后的职责争议提供了依据。合同中应详细描述员工的工作任务和工作标准，以免因职责不明确而产生争议。合同应详细列明薪资支付的方式、时间及金额，避免因支付方式或支付时间的不一致引发争议。可以规定薪资支付的具体日期、支付周期（如月薪、周薪等），以及工资调整的条件和程序。这有助于员工在合同期内对薪酬有清晰的预期，避免因薪资问题产生纠纷。

在合同中列出员工的工作时间安排、加班规定及休假权益，确保员工在工作过程中能依据合同获得合法的休息时间。可以详细说明每日的工作小时数、每周的工作天数、加班补偿标准，以及带薪休假、病假等规定。这些条款的明确不仅能避免员工因休假或加班问题产生纠纷，也有助于确保企业的运营正常。明确规定合同的终止条件、解除程序及补偿条款，能够在合同终止时避免因程序不清而引发的争议。合同中应规定在何种情况下，双方可以合法解除合同，以及解除合同时的通知期限和补偿标准。这些规定能够确保双方在合同解除时有明确的操作指南，避免因合同终止产生的纠纷。

二、建立有效的内部沟通机制

一个良好的沟通渠道能够确保员工在遇到问题时能够及时表达自己的意见和诉求，从而避免问题的扩大化。团队应设立专门的沟通渠道，包括设置专门的联系邮箱、意见箱或指定沟通负责人。员工可以在遇到工作中的问题或困扰时，及时与管理层沟通并寻求解决方案。团队可以设立每月一次的团队会议，专门讨论员工的工作状况，以及可能出现的劳动问题。定期的会议不仅能够增进管理层与员工之间的互动，还能及时发现并解决潜在的劳动纠纷。管理层应鼓励员工积极提出意见和建议，并对员工的反馈给予重视和响应。管理层可以通过匿名调查、意见反馈表等方式，收集员工对工作环境、待遇及管理的看法。这种做法能够让员工在不担心报复的情况下自由表达自己的意见，从而提前发现并解决潜在的劳动问题。管理层应对员工提出的合理意见和建议做出积极回应，并采取相应措施加以改进。这不仅能够提升员工的满意度，还能有效预防因管理不善而产生的劳动纠纷。

团队应制定详细的投诉处理流程，确保员工的投诉能够及时得到公平和合理的处理。建立一个清晰的投诉流程，包括投诉的提交方式、处理时限、责任人及处理结果的反馈机制。这些步骤有助于确保每一项投诉都能得到妥善处理，避免因处理不当而引发更大的纠纷。在处理投诉时，管理层应保持公正客观，确保每一个投诉都能够得到合理的解决方案。员工可以感受到公司对他们意见的重视，从而增强对公司的信任感。团队还应提供相关的培训，提升员工的沟通能力和纠纷解决能力。定期举办沟通技巧培训和劳动法律法规培训，帮助员工了解如何有效地表达意见和处理工作中的问题。这种培训不仅能够提升员工的沟通能力，还能增强他们对劳动法规的认识，从而在遇到劳动纠纷时更好地保护自身权益。

三、运用调解和仲裁机制

当劳动纠纷无法通过内部沟通和协商解决时，调解和仲裁机制提供了有效的非诉讼解决途径。这些机制不仅能够在法律框架内快速解决争议，还能避免诉讼可能带来的时间和费用负担。调解机制是一个由第三方调解员帮助双方达成和解协议的过程。调解员通常是具有专业知识和经验的人员，能够为争议双方提供公正的调解服务。调解员将了解双方的主张和立场，通过沟通和协调，促使双方达成一个双方都能接受的解决方案。劳动争议调解委员会就是一个专门负责劳动争议调解的机构，其职责是帮助争议双方通过协商达成一致，避免进入法律诉讼程序。在调解无效的情况下，仲裁机制提供了另一种有效的解决方案。仲裁是由仲裁委员会对争议进行裁决的过程。

仲裁委员会通常由多名专业的仲裁员组成，他们将根据法律法规和合同条款对争议做出裁决。仲裁程序相对简便且快捷，一般不涉及复杂的法庭审理程序。仲裁的结果具有法律效力，双方需要遵守仲裁裁决。这种方式能够在相对较短的时间内解决争议，同时仲裁过程中的成本也相对较低。因此，仲裁是处理劳动纠纷的有效替代方案，尤其是在需要迅速解决争议的情况下。调解和仲裁机制相较于诉讼程序，通常具有更高的灵活性和可操作性。在调解阶段，调解员可以依据双方的具体情况提出创新的解决方案，增加了争议解决的可能性。而在仲裁阶段，仲裁员的裁决将具备法律效力，可以强制执行，确保争议得到有效解决。由于这些机制通常不需要烦琐的法庭程序，解决时间较短，成本也低，因此，非常适合解决劳动纠纷。

四、寻求法律咨询和援助

法律专家或劳动律师能够提供专业的法律意见，帮助团队成员在纠纷中保护自身的权益。法律专家能够详细分析劳动合同的内容，评估其合法性。合同条款是否符合法律法规、是否存在不公平的条款，都是律师需要仔细审查的方面。如果合同中存在模糊不清的条款，或者某些条款可能违反了劳动法规定，律师可以提供针对性的意见，指导如何修改合同或如何在纠纷中使用这些信息。律师可以帮助团队成员评估劳动纠纷的性质，并提供相应的法律行动建议。这包括确定纠纷的核心问题，例如，是否涉及薪资未支付、工作时间争议、合同违约等，并根据具体情况建议采取的措施。在薪资未支付的情况下，律师可能建议通过正式的投诉程序或仲裁进行解决；在合同违约的情况下，律师可能建议收集证据并准备诉讼材料。通过专业的法律咨询，团队成员能够制定出切实可行的解决策略，提高处理劳动纠纷的成功率。

律师还可以提供法律援助，协助团队成员准备法律文书和证据。在诉讼或仲裁过程中，律师会帮助撰写起诉状、答辩状、仲裁申请等法律文件，并指导如何准备相关证据，如工资单、合同副本、通讯记录等。准备充分的法律文书和证据是确保案件顺利进行的重要步骤，能够有效支撑法律主张。团队成员可以了解自身的法律权利和义务。律师不仅帮助解决当前的劳动纠纷，还能为未来的工作提供法律保护的建议。这种前瞻性的法律指导有助于团队成员在日常管理和劳动关系中预防潜在的法律问题，确保合法合规地运营。

五、提起劳动诉讼

当调解和仲裁无法有效解决劳动纠纷时，提起劳动诉讼成为进一步保护自身权益的途径。劳动诉讼是指将争议提交法院，由法院对争议进行审理和裁决的过程。此步骤通常在调解和仲裁无效、纠纷无法和解时使用，旨在通过法律程序获得公正的判决。提起诉讼前，团队成员需要充分准备相关证据。这些证据包括劳动合同、工资单、工作记录、通讯记录等，旨在证明自身的主张和诉求。如果纠纷涉及薪资未支付，团队成员应收集并保存所有与工资支付相关的文件，包括工资条、银行转账记录和相关的通讯记录等。这些证据将帮助法院理解案件的实质，支持自己的诉讼请求。

诉讼程序包括几个主要阶段：起诉、审理和判决。在起诉阶段，团队成员需要向法院提交起诉状，详细陈述案件的事实和法律依据。起诉状应包括被告的基本信息、案件的主要事实、诉讼请求、相关的证据。审理阶段则涉及法院对案件的审查和双方证据的审理。法院会在此阶段听取双方的陈述，审查证据，并可能进行现场调查。最终，法院会作出判决，对纠纷进行裁定。团队成员可能会面临较为复杂的法律程序和耗时的审理过程。然而，通过法院的判决，团队成员能够得到法律的公正裁决。这种裁决不仅能解决当前的劳动争议，还能根据案件的具体情况，获得相应的补偿或赔偿。如果诉讼结果支持团队成员的主张，法院可能判决雇主支付未付的工资、经济补偿或其他相应的赔偿。

劳动诉讼过程可能涉及较长时间和较高的费用，团队成员应做好充分的心理和经济准备。为了提高诉讼的成功率，建议聘请经验丰富的劳动律师提供专业的法律支持和指导。团队成员应严格遵循法律程序，及时提交所需材料，并配合法院的调查和审理工作。通过这些步骤，可以有效地利用法律手段维护自身的合法权益。

六、加强劳动法培训和教育

定期组织劳动法培训可以提升团队成员遵守劳动法律法规的意识，从而在日常管理中减少潜在的法律风险。这些培训应覆盖劳动法的基本知识，包括劳动合同的合法签署、员工权益的保护、工资支付标准，以及解雇程序等关键内容。培训可以通过讲座、研讨会或在线课程等形式进行。邀请专业的劳动法律师来公司进行面对面的讲座，讲解常见的劳动纠纷案例和法律解决方案，可以让团队成员深入了解劳动法的具体应用。也可以利用在线学习平台提供灵活的学习方式，使团队成员能够在工作之余随时学习更新的劳动法律知识。

团队成员需要掌握如何正确起草和审核劳动合同，确保合同条款合法、全面且清晰。培训应详细讲解合同中的基本条款，如工作职责、薪酬标准、工作时间和休假安排等，并说明这些条款如何影响劳动关系。通过学习这些内容，团队成员能够在合同签订时减少模糊或争议的内容，确保双方权利和义务明确。团队成员应了解员工在工作中的基本权益，包括休假权、工作安全权、反歧视权等。这些知识可以帮助团队成员在日常管理中更好地保护员工权益，从而减少因权益未得到保障而引发的纠纷。培训可以介绍员工休假的法律规定和实践操作，确保员工能够合法享有休假权益，并避免因休假管理不当引发的争议。

团队成员接受培训后，应进行定期的法律知识评估，确保其理解并能将所学知识应用于实际工作中。通过设置考核或问卷调查，可以了解团队成员对劳动法的掌握情况，并及时纠正可能存在的理解误区或应用错误。通过全面而系统的劳动法培训，团队能够提升整体的法律意识和合规能力。这不仅有助于防止劳动纠纷的发生，还能在纠纷发生时，能够采取正确的应对措施，从而保护团队和公司的合法权益。

第四节　大学生创新创业融资与投资纠纷解决技巧

一、大学生创新创业融资纠纷解决技巧

（一）审查融资协议条款

在融资纠纷发生前，确保融资协议条款的明确性和全面性是解决问题的基础。融资协议应详细列明资金投入的金额、股权比例、还款条件、投资者权利和义务等关键内容。协议中应明确投资金额的支付时间、方式及预期的回报率等条款。通过详细审查和签署清晰的融资协议，可以在纠纷发生时依据合同条款进行有效解决。确保协议中包含解决争议的机制，如调解或仲裁条款，也有助于在出现纠纷时采取合适的解决方案。

（二）维护有效的沟通渠道

创业团队应与投资方保持定期的沟通，确保双方对融资进展、资金使用情况、目标达成情况有清晰了解。定期举行项目汇报会，更新融资进展和财务状况，可以减少误解和潜在的冲突。及时沟通并讨论解决方案，可以有效避免问题的升级和纠纷的扩大。

（三）运用调解和仲裁机制

当沟通无法解决问题时，调解和仲裁是解决融资纠纷的有效途径。调解是通过第三方调解员帮助双方达成和解，而仲裁则由仲裁委员会作出裁决。团队应了解并利用融资协议中预设的调解和仲裁机制。如果协议中未包含此类条款，可以选择外部专业机构进行调解或仲裁。调解和仲裁通常比诉讼更为迅速和经济，能够在法律框架内解决争议，减少时间和成本负担。

（四）寻求法律咨询和援助

在复杂的融资纠纷中，寻求法律咨询是必要的步骤。法律专家或投资律师可以提供专业意见，帮助团队评估纠纷的法律性质并制定处理方案。律师可以分析

融资协议的法律效力、评估双方的法律责任，并建议合适的法律行动。团队可以提前了解自己的法律权利和义务，并获得针对性的法律建议，从而更有效地解决纠纷。

（五）准备充分的证据

处理融资纠纷时，充分的证据是支持自身主张的关键。团队应收集和整理所有与融资相关的证据，包括融资协议、资金流动记录、沟通记录、投资方的反馈等。可以保留投资款项的银行转账记录、投资方的邮件往来和项目进展的报告。这些证据将有助于证明双方的权利和义务，支持后续的调解、仲裁或诉讼。

（六）关注合同的履行和遵守

在融资后，确保合同条款的履行和遵守能够减少潜在的纠纷。团队应严格按照融资协议中的约定使用资金，并定期向投资方报告资金使用情况和项目进展。遵循协议条款和投资方的要求，可以提高双方的信任度，并防止因违约引发的纠纷。同时，确保项目按计划推进，及时解决可能出现的问题，以维护良好的合作关系，从而避免未来的争议。

二、大学生创新创业投资纠纷解决技巧

（一）审查投资协议条款

投资协议是创业项目与投资方之间的重要法律文件，明确协议条款是预防投资纠纷的关键。投资协议应详细列明投资金额、股权比例、投资回报、管理权利，以及双方的权利和义务。协议中需要明确投资的具体金额、股权分配方式、投资回报的时间节点，以及公司治理结构等细节。通过审查和签署详尽的投资协议，可以在发生争议时依照协议条款进行解决，并减少歧义和争议的发生。

（二）保持透明的财务管理

透明的财务管理有助于减少投资纠纷。创业团队应确保财务记录的准确和清晰，包括资金的使用情况和项目的财务状况。定期向投资方提供财务报告和运营情况更新，确保投资方能够实时了解资金使用和项目进展。通过透明的财务管理，减少投资方对资金使用的疑虑，避免因财务问题引发的纠纷。

（三）利用调解和仲裁

当投资纠纷无法通过内部沟通解决时，调解和仲裁是有效的解决方式。调解是由第三方调解员协助双方达成一致，而仲裁则由仲裁机构做出裁决。投资协议中通常会包含调解和仲裁的条款，如未包含，可选择外部专业机构进行调解或仲裁。调解和仲裁通常较为快速和经济，避免诉讼所带来的时间和费用负担。

（四）建立良好的投资方关系

在日常运营中，维护良好的投资方关系有助于减少潜在的投资纠纷。创业团队应定期与投资方进行沟通，报告项目进展和遇到的问题，建立信任和合作关系。定期举行投资方会议，讨论项目进展和未来计划，可以增强投资方对项目的信任和支持，减少因信息不对称而引发的纠纷。通过建立良好的关系，双方可以更顺畅地解决问题并达成共识。

第七章 大学生创新创业法律宣传与教育

第一节 大学生创新创业法律意识宣传活动策划

一、制定活动目标和主题

（一）明确活动的主要目标

在规划法律意识宣传活动时，首先需要明确活动的主要目标。目标应包括提升大学生对创新创业中可能遇到的法律风险的认识，增强他们的法律意识和法律素养。具体目标可以是提高学生对常见法律问题的认知，如合同纠纷、知识产权保护和劳动法问题，从而帮助他们在创业过程中更好地防范法律风险。目标可以设定为80%的参与学生能够识别并理解至少三种常见的法律风险，并能采取相应的预防措施。

（二）选择具有吸引力的主题

为了确保活动的效果，选择一个与大学生创业相关且具有吸引力的主题是至关重要的。主题应具有实际意义和针对性，如"创业法律知识普及月"或"法律护航创新创业"，能够引起学生的关注和兴趣。通过选择具有吸引力的主题，可以吸引更多的学生参与，提升他们对法律知识的兴趣和参与度。"创业法律知识普及月"可以集中讲解合同法、知识产权法、劳动法等与创业相关的法律内容，让学生在一个月内系统学习相关知识。

（三）围绕核心法律领域进行深入讲解

在确定活动主题后，需围绕核心法律领域进行深入讲解，以确保活动内容的全面性和系统性。选择与大学生创业相关的法律领域，如合同法、知识产权法、劳动法等，进行详细讲解和讨论。可以通过专题讲座、案例分析等形式，加深学生对这些法律知识的理解。安排合同法专题讲座，详细解释合同的基本要素、常见问题及其解决方法，以增强学生的合同风险防范意识。

（四）设计与目标相符的活动形式

活动形式的设计应与活动目标和主题相符，以达到最佳的宣传效果。根据目标和主题，可以选择适当的活动形式，如讲座、研讨会、互动问答、案例分析等。讲座可以邀请法律专家或成功的创业者进行演讲，研讨会可以围绕具体案例展开讨论，互动问答可以提高学生的参与感和实践能力。通过多样化的活动形式，可以更好地实现活动目标，提升学生的法律素养。在"法律护航创新创业"主题下，可以组织一个系列讲座和互动问答环节，帮助学生更好地掌握法律知识和技能。

二、设计宣传活动内容

（一）举办法律知识讲座

讲座是传播法律知识的有效方式，通过邀请法律专家或成功的创业人士，可以提供权威的法律解读和实用的经验分享。讲座内容应涵盖大学生创业中常见的法律问题，如合同管理、知识产权保护、劳动法问题等。专家可以通过实际案例讲解法律条款的应用，帮助学生理解复杂的法律概念，并提供实际操作中的注意事项。讲座可以专门讲解合同的关键条款、如何避免法律风险、遇到问题时的应对策略。通过专家的分享，学生能够更好地掌握法律知识并应用于创业实践中。

（二）进行案例分析与讨论

案例分析是帮助学生理解法律应用和处理方法的有效工具。通过分析具体的法律案例，学生可以学习如何识别和解决法律问题。活动中可以设计模拟案例，邀请学生参与讨论和解决问题。可以提供一则关于合同纠纷的案例，让学生分组讨论各方的法律责任，并提出解决方案。通过这种互动形式，学生不仅能够将理论运用到实践中，还能提高解决实际法律问题的能力。案例讨论也可以邀请专家进行点评，进一步深化学生对法律知识的理解。

（三）提供法律咨询服务

在宣传活动中设立法律咨询环节，可以帮助学生解决他们在创业中遇到的具体法律问题。可以安排法律专家或律师在活动期间提供一对一的咨询服务，解答学生的法律疑问并提供个性化建议。学生可以就合同条款的合法性、知识产权的保护、劳动合同的签订等问题向专家咨询。通过这种形式，学生可以获得专业的法律建议，及时解决创业过程中可能遇到的法律困扰。这不仅能提高学生的法律意识，还能为他们提供实际的法律支持。

（四）制作法律知识手册和宣传资料

制作法律知识手册和宣传资料是一种有效普及法律知识的方式。手册可以系统化地总结和呈现创业过程中常见的法律问题及其解决方案，提供清晰易懂的法律信息。这些资料可以包括法律条款解读、案例分析、常见问题解答等内容。还可以设计一些易于理解的图表和示意图，以便学生快速掌握法律要点。将这些手册和资料分发给学生，能够帮助他们在日常学习和创业过程中随时查阅和参考，进一步提升法律素养。

三、选择宣传渠道和方式

（一）利用校园内部渠道

校园内部渠道是推广法律意识活动的重要途径。可以通过校园公告栏、学校官方网站、邮件列表等方式进行宣传。在校园公告栏张贴活动海报，提供详细的活动时间、地点和主题，确保信息能够覆盖到所有学生。学校官方网站可以发布活动通知和相关内容，并提供在线报名和参与链接。利用学校的邮件列表发送活动提醒，可以直接触及目标学生群体。通过这些内部渠道，可以有效提高活动的知晓度和参与率。

（二）充分利用社交媒体平台

社交媒体平台如微信、微博、抖音等是触达大学生的关键渠道。可以发布法律知识小贴士、活动预告、专家访谈等内容。可以创建活动专属的社交媒体账号，定期更新法律知识和活动动态，吸引学生关注。利用社交媒体的互动功能，如评论区、投票和问答，可以增强学生的参与感。通过社交媒体推广，不仅能够扩大活动的影响力，还能实现实时互动，增加学生的参与热情。

（三）组织多样化的活动方式

活动方式的多样化可以激发学生的兴趣和参与度。可以组织讲座和研讨会，邀请法律专家讲解重要的法律知识和实际案例。可以设置互动问答环节，让学生提出问题并获得专业解答。知识竞赛也是一种有效的方式，通过趣味竞赛让学生在轻松的氛围中学习法律知识。这些多样化的活动方式能够吸引不同兴趣和需求的学生，提升活动的整体效果和参与度。

（四）结合线上线下活动

线上线下结合的活动形式可以覆盖更广泛的受众，并提供更多参与方式。可以在线上平台举办虚拟讲座和讨论会，同时，在校园内设立咨询台和信息展位。线上活动可以提供便捷的参与方式，满足无法到场的学生需求，而线下活动则能够提供面对面的互动和咨询机会。通过这种结合的方式，可以更全面地覆盖学生群体，提升活动的整体影响力和效果。

四、组织互动活动

（一）开展互动问答环节

互动问答是提高学生法律知识应用能力的有效方式。在活动中设置问答环节，允许学生针对具体的法律问题提出疑问，并由法律专家或导师进行解答。可以设立"法律知识问答"时间段，鼓励学生提出关于合同、知识产权、劳动法等方面的问题。通过实时解答，学生不仅能获得专业的法律知识，还能增强对法律问题的敏感性。这种互动形式不仅让学生在参与中获得知识，还能提高他们解决实际法律问题的能力。

（二）举办模拟法庭活动

模拟法庭活动可以让学生体验实际的法律程序和法庭辩论。通过角色扮演的方式，学生可以扮演不同的法庭角色，如法官、检察官、辩护律师和被告，处理虚拟的法律案件。可以设计一个关于合同纠纷或知识产权侵权的案例，让学生在模拟法庭上进行辩论。模拟法庭活动能够帮助学生理解法律程序，培养他们的法律思维和辩论技巧，同时，提高他们对法律实际操作的认知。

（三）进行角色扮演练习

角色扮演是一种有效的互动方式，可以让学生在模拟情境中实际操作和解决法律问题。可以设置不同的情景，如合同签订、劳动争议处理等，让学生扮演相关角色，进行角色扮演练习。让学生扮演创业者和投资人，模拟谈判合同条款的过程，帮助他们了解合同谈判和签署中的注意事项。角色扮演活动不仅能提升学生的法律应用能力，还能增强他们的沟通和协作能力。

（四）开展法律知识竞赛

法律知识竞赛是一种有趣且具竞争性的互动活动，可以激发学生的学习兴趣并巩固法律知识。设计一系列与法律相关的问题，涵盖合同法、知识产权、劳动法等领域，组织团队进行竞赛。可以举办"法律知识挑战赛"，设置不同的难度级别，奖品可以吸引学生积极参与。通过竞赛，学生不仅能测试和提升自己的法律知识水平，还能在轻松的氛围中学习法律知识。

五、评估活动效果

（一）收集参与者反馈

在活动结束后，第一步是收集参与者的反馈。这可以通过发放调查问卷或进行面对面的访谈来实现。设计问卷涵盖活动的各个方面，如内容的相关性、讲师的表现、互动环节的吸引力等。参与者的反馈能帮助了解他们对活动的总体满意度、认为哪些部分效果良好，以及哪些部分需要改进。通过收集并分析这些反馈，可以对活动的各个环节进行评估，确保活动的质量和效果。

（二）分析调查数据

收集到的反馈数据需要进行系统分析，以便得出有效的结论。可以使用统计分析工具对调查问卷中的定量数据进行分析，了解参与者对各项活动的满意度和偏好。分析问卷结果中关于讲座内容、互动活动、宣传渠道等的评分，并识别出活动中表现较弱的部分。定性数据，如参与者的建议和评论，也应被认真分析，挖掘出改进的具体方向。通过数据分析，可以为未来的活动提供客观的依据。

（三）总结活动效果

基于收集和分析的反馈数据，总结活动的效果。总结内容应包括活动的成功之处、需要改进的地方、参与者的学习收获和整体满意度。可以总结出哪些法律知识点最受欢迎，哪些互动形式最能吸引学生参与，活动的目标是否达成等。总结时，应强调活动对提升法律意识和知识的实际影响，并考虑如何将成功经验应用于未来的活动中。

（四）提出改进建议

根据活动评估结果，提出具体的改进建议。这些建议应针对反馈中提到的问题和不足之处，提出具体的解决方案。如果调查显示讲座内容过于复杂，建议未来活动中增加基础知识的讲解；如果互动活动的参与度不高，建议增加更多形式的互动环节。改进建议应明确且可操作，为未来活动的策划和执行提供有价值的指导，确保活动效果持续提升。

六、建立长期法律意识宣传机制

（一）设立法律知识学习小组

为了确保法律意识宣传的持续性，可以在校园内设立法律知识学习小组。学习小组可以由对法律有兴趣的学生自发组成，定期举行学习和讨论活动。这些小组可以邀请法律专家或讲师进行专题讲座，也可以通过讨论当前法律热点话题来提升学生的法律素养。组织每月一次的学习讨论会，围绕特定法律主题进行深入交流，促进学生对法律知识的理解和应用。

（二）定期举办法律知识讲座

建立一个定期举办法律知识讲座的机制，可以持续向学生传递最新的法律信息和实践经验。讲座可以涵盖不同的法律领域，确保内容的多样性和实用性。每学期安排至少两次法律讲座，邀请不同领域的法律专家来分享经验和知识，帮助学生了解法律在实际生活中的应用，并增强他们的法律意识。

（三）创建法律教育资源平台

设立一个专门的法律教育资源平台是建立长期宣传机制的有效途径。该平台可以是一个网站、社交媒体账号或校园内的公告栏，定期发布法律知识、案例分析、法规更新等内容。通过这个平台，学生可以随时获取最新的法律信息和学习资料。创建一个在线法律知识库，定期更新法律法规和实践指南，并提供在线咨询服务，方便学生随时查询并学习相关法律知识。

（四）举办系列培训班

除了讲座和学习小组，还可以定期举办系列培训班，专注于提升学生的法律实务能力。这些培训班可以包括法律实务操作、法律风险管理、法律文书写作等实用技能培训。每学期组织一次为期几天的法律培训营，邀请实务专家进行实战演练，通过模拟案例解决实际问题，增强学生在真实环境中的法律应用能力。培训班的内容应根据学生的需求和法律实践的最新动态不断更新和调整。

第二节　大学生创新创业法律知识普及教育

一、整合法律知识进创业课程

将法律基础模块纳入创业课程，可以为学生提供系统化的法律教育，使他们在掌握创业技能的同时，了解与创业相关的法律法规。学生不仅能学习到如何进行市场分析、产品开发和商业运营，还能了解在这些过程中可能遇到的法律问题及其解决方法。整合法律知识进创业课程的关键在于设置专门的法律课程单元。这些单元应涵盖合同法、知识产权法、劳动法等领域，确保学生对创业过程中的主要法律问题有充分认识。合同法模块可以讲解合同的基本要素、合同的签署与履行，以及如何处理合同纠纷。通过这些内容的学习，学生能够在实际创业过程中准确理解合同条款，避免因合同不完善而导致的法律风险。

知识产权法的内容也应纳入课程中，以帮助学生了解如何保护自己的创新成果。这包括专利申请、商标注册、著作权保护等方面的知识。通过案例分析和模拟练习，学生可以学会如何申请知识产权保护、处理侵权问题，从而保护自身的创业成果不受侵犯。知识产权的有效保护不仅能为企业带来竞争优势，还能避免未来的法律纠纷。劳动法模块同样是创业课程中的重要组成部分。它包括对劳动合同的签署、员工权益的保护、劳动纠纷的处理等内容。学生在学习这些内容时，可以掌握如何合法招聘员工、如何处理劳动合同中的问题，以及如何应对劳动纠纷。通过对劳动法的了解，学生能够在创业过程中建立合法合规的用人制度。

整合法律知识进创业课程的最终目标是通过实际案例和模拟练习，让学生将理论知识应用于实践中。可以通过模拟创业项目，让学生在设计商业计划、签订合同、申请知识产权时，实际应用所学的法律知识。

二、开展法律知识讲座和研讨会

定期举办法律知识讲座和研讨会是提高大学生法律意识和理解的有效途径。这些活动可以通过邀请法律专家、创业成功人士或法律学者，为学生提供权威的法律知识和实际经验。学生能够更深入地了解与创新创业相关的法律问题，从而提升法律素养。法律知识讲座为学生提供了系统而全面的法律教育。通过邀请法律专家讲解与创业相关的法律知识，学生能够获得专业的法律见解。可以策划"创业法律风险防范"系列讲座，涵盖从合同签署的注意事项到知识产权保护的具体方法。讲座内容应结合实际案例进行讲解，使学生能够将法律理论与实践结合起来，更好地理解法律条款在实际操作中的应用。

研讨会提供了互动的平台，使学生能够主动参与讨论和提问。在研讨会上，专家可以就学生提出的具体问题进行解答，帮助学生解决实际遇到的法律困惑。学生可以在研讨会上询问关于合同纠纷的处理方法，或讨论如何有效申请专利等问题。通过这种互动，学生不仅能够获得专家的指导，还能通过讨论了解不同的法律观点和解决方案，从而加深对法律问题的理解。此外，这类活动还能激发学生对法律知识的兴趣和学习动力。法律知识讲座和研讨会通常由经验丰富的专家主讲，他们的实战经验和深入分析可以使法律知识更加生动且具有实际指导意义。成功的创业者可以分享他们在创业过程中遇到的法律挑战和解决经验，展示法律在创业中的实际应用。这种亲身经历的分享能够使学生认识到法律知识的重要性，并激励他们在未来的创业活动中注重法律风险的管理。

定期举办法律知识讲座和研讨会还可以建立一个持续的法律学习平台。通过安排周期性的活动，学生可以不断更新和拓展他们的法律知识。可以制定年度讲座和研讨会计划，确保学生在整个学习阶段都有机会接触到最新的法律动态和实践经验。这种长期的法律教育安排能够有效提升学生的法律意识，帮助他们在未来的创业过程中做出更加合规和明智的决策。

三、提供法律咨询和支持服务

通过提供免费的法律咨询和支持，学生能够在创业过程中获得专业的法律帮助，从而确保其创业活动的合法性和合规性。设立法律咨询中心可以为学生提供持续的法律支持。这些中心可以提供一对一的法律咨询服务，帮助学生解答创业过程中遇到的各种法律问题。法律咨询中心可以解答关于合同条款的合法性、知识产权的申请和保护、劳动法的适用等问题。通过这些专业的意见，学生能够更好地理解法律要求，避免法律风险，从而在创业过程中做出更明智的决策。法律咨询服务点还可以与法律服务机构合作，提供更加广泛和深入的法律支持。这些机构通常具备丰富的法律资源和经验，可以为学生提供专业的法律意见和解决方案。与当地的律师事务所或法律援助机构合作，可以为学生提供免费的法律咨询或低费用的法律服务。这种合作不仅可以提高法律咨询服务的质量，还能帮助学生更好地解决复杂的法律问题。

法律咨询服务点可以定期举办法律知识讲座和培训，帮助学生提高法律素养。通过这些讲座和培训，学生可以了解到最新的法律法规和实践经验。可以邀请法律专家来讲解合同法、知识产权法等与创业相关的法律知识，帮助学生培养良好的法律意识。这些讲座和培训可以与法律咨询服务点的日常工作结合起来，使学生在获得咨询服务的同时，进一步提升对法律的理解和应用能力。建立法律咨询服务点还有助于营造一个支持创业的法律环境。通过为学生提供法律咨询和支持，学校可以帮助学生降低创业中的法律风险，提升他们的创业信心和能力。这不仅能够促进学生创业活动的顺利进行，还能推动校园内创新创业氛围的形成。通过这种支持，学生能够更加专注于创新和创业的核心内容，而不是担心法律问题带来的障碍。

四、组织法律知识竞赛和模拟法庭

通过组织法律知识竞赛和模拟法庭活动，大学生能够在实际操作中提升法律知识和应用能力。这些活动不仅能够测试学生的法律知识掌握情况，还能激发他们的学习兴趣和参与热情。通过竞赛形式，可以让学生对法律知识进行系统复习和巩固。组织"创业法律知识挑战赛"，可以设置涵盖合同法、知识产权法、劳动法等多个领域的问题。竞赛题目可以设计为选择题、案例分析题或应用题，旨在测试学生对法律知识的理解和运用能力。通过激烈的竞争，学生不仅能够检验自己对法律知识的掌握程度，还能在不断学习和实践中提高自己的法律素养。

在模拟法庭中，学生可以扮演律师、法官、原告和被告等不同角色，进行模拟审判。这种角色扮演的形式能够让学生亲身体验法律案件的处理过程，从而更加深入地理解法律程序和解决法律问题的方法。可以设计一个关于合同纠纷的模拟法庭案件，让学生在模拟审判中展示法律辩论技巧和案件分析能力。在这种过程中，学生需要进行证据收集、案件分析、辩论等，这将帮助他们在实践中掌握法律知识，并提高解决实际法律问题的能力。模拟法庭还可以通过邀请法律专家或实践律师作为评委，为学生提供反馈和指导。这些专家能够根据学生在模拟审判中的表现，提供专业的建议和点评，帮助学生进一步改进和提高。评委可以对学生的辩论技巧、证据呈现和法律应用进行评价，并提出建设性的意见。这不仅能够帮助学生了解自己在法律实践中的优缺点，还能为他们提供专业的学习方向。此外，法律知识竞赛和模拟法庭活动也可以促进学生之间的互动与合作。通过团队形式参与竞赛和模拟法庭，学生可以与同学共同讨论法律问题，分享学习经验，提升团队合作能力。这种互动式学习方式不仅能够增强学生的法律知识和技能，还能促进他们的综合素质发展。

五、利用数字平台进行法律教育

数字平台的应用能够突破传统教育的限制，将法律知识传播给更广泛的受众。开发专门的法律知识课程，让学生能够随时随地进行学习。这些课程可以包括基础法律知识、具体法律领域的深入讲解、案例分析等内容。通过在线学习平台，学生可以注册并参与法律课程，学习合同法、知识产权法等方面的内容。这种灵活的学习方式不仅方便了学生的时间安排，也使他们能够按照自己的节奏掌握法律知识。课程中可以包含视频讲解、文字材料和互动测试，帮助学生全面理解法律概念和应用。利用电子书籍和视频讲座可以进一步增强法律知识的传播效果。电子书籍提供了便于下载和阅读的法律学习资料，学生可以在个人设备上随时查阅相关法律文献和实务指南。而视频讲座则能够通过视觉和听觉的方式，生动地讲解法律知识。可以录制一系列关于常见法律问题的专题视频，邀请法律专家讲解创业过程中的法律风险和应对策略。这种多媒体的学习方式更能吸引学生的注意力，并帮助他们更好地理解复杂的法律概念。

通过建立在线论坛或讨论组，学生可以在平台上提出法律问题，与其他学习者和法律专家进行讨论。这种互动形式不仅能够帮助学生解答实际遇到的法律问题，还能够促进对法律知识的深入理解。可以设立一个专门的法律问题讨论区，鼓励学生提出他们的法律疑问并分享经验，同时，提供专家的解答和建议。学生可以在互动中学习法律知识，并获得实际问题的解决方案。通过社交媒体，可以定期发布法律知识小贴士、最新的法律动态和创业法律常识等信息。可以创建一个法律知识专栏，在社交媒体平台上分享关于合同签署、知识产权保护等方面的实用信息和最新法律法规。这种即时的信息发布能够增强学生对法律动态的关注，提高他们的法律意识。通过专门的法律教育应用程序，学生可以获得全面的法律学习资源，包括课程、案例、模拟测试等功能。应用程序可以根据学生的学习进度和兴趣，推荐个性化的学习内容和活动。同时，应用程序还可以提供在线咨询服务，帮助学生解答法律问题并获得专业指导。

第三节　大学生创新创业法律宣传与培训资源整合

一、整合校内外资源

（一）利用校内法律资源

在大学生创新创业的法律宣传与培训中，校内法律资源的充分利用是基础且至关重要的。这些资源包括法律系的教师、法学院的研究成果和校园内的法律服务中心，它们为学生提供了系统化的法律教育和支持，帮助学生在创业过程中有效应对法律挑战。法律系的专业教师是校内法律教育的核心资源。他们不仅具备扎实的法律理论基础，还拥有丰富的法律实践经验。通过开设专门的法律课程、组织讲座和研讨会，法律系教师能够将最新的法律理论和实践知识传授给学生。法律系可以设计包含合同法、知识产权法和劳动法等内容的课程，深入讲解这些法律领域在创业中的应用和重要性。定期举办的专题讲座可以邀请经验丰富的教授主讲，通过具体的案例分析和问题讨论，帮助学生更好地理解法律知识的实际应用。这样，学生不仅能在课堂上学习理论，还能通过实践活动将知识转化为实际技能。

法学院通常会进行大量的法律研究，产生许多学术论文、研究报告和案例分析。这些成果能够为学生提供深入的法律理解，帮助他们掌握法律问题的研究方法和解决策略。法学院的研究报告和学术论文可以作为教学材料，结合实际案例，帮助学生理解法律理论与实践的结合。针对创业过程中常见的法律问题，可以组织专题讨论会，利用法学院的最新研究成果进行深入探讨，从而提高学生对相关法律领域的认知水平。校园内的法律服务中心是学生获取法律帮助的重要渠道。

法律服务中心通常提供法律咨询、法律援助和法律问题解答等服务。对于面临实际法律问题的学生，法律服务中心可以提供一对一的法律咨询，帮助他们解答疑问和解决问题。当学生在创业过程中遇到合同纠纷或知识产权问题时，可以通过法律服务中心获得专业的法律意见和解决方案。定期组织法律知识普及活动，如法律咨询日或法律讲座，可以使更多的学生了解和利用这些服务，提高他们的法律意识和应对能力。

充分利用校内法律资源是构建有效法律教育体系的关键。这些资源包括法律系教师、法学院的研究成果以及校园内的法律服务中心，它们在帮助学生掌握法律知识和应对法律挑战方面发挥了重要作用。他们具备扎实的法律理论基础和丰富的实践经验，通过开设法律课程、组织讲座和研讨会，能够将最新的法律知识传授给学生。学生不仅能在课堂上学习理论知识，还能通过实践活动将法律理论转化为实际技能，提升他们在创业过程中的法律应对能力。

（二）推动校内外资源共享

通过建立资源共享平台和合作机制，可以实现校内外法律资源的互通，进而扩展法律教育的覆盖面，增强法律服务的全面性和实用性。这种共享不仅能提升资源的使用效率，还能带来多方合作的增值效应。建立一个校内外法律资源共享平台是实现资源互通的有效方式。这个平台可以作为一个信息交流和资源整合的中心，集合校内的法律服务中心、法学院的研究成果及校外的法律事务所和专家资源。在这个平台上，学生可以访问校外法律事务所提供的法律资料、案例分析和实际咨询服务，而校外机构也可以获取到校园内的法律研究成果和实践经验。这种平台可以为学生提供更全面的法律支持，学生在创业过程中可以通过平台获取最新的法律动态和案例分析，帮助他们更好地解决实际法律问题。

校内外法律机构的合作可以进一步提高资源的使用效率。校内的法律服务中心可以与校外的法律事务所和法律专家建立合作关系，共同开展法律咨询服务、培训项目和法律研究。学生不仅能够获得更多的法律咨询和支持，还能参与到实际的法律项目中，获得实践经验。同时，校外机构能够利用校内的科研成果和法律教育资源，进行联合研究和项目合作，从而提高其服务质量和专业水平。这种双向合作不仅能够促进法律知识的交流，还能够带来实际的合作成果，提升双方的综合效益。通过校内外资源的共享和合作，能够推动法律教育和法律服务的创新。可以组织校外法律机构与校内法学院联合举办专题研讨会，围绕特定法律问题进行深入讨论和研究。在这些研讨会上，校外专家可以分享其在法律实务中的经验和见解，而校内学者可以提供最新的法律研究成果和理论支持。

可以通过收集用户反馈、分析资源使用情况等方式，对资源共享平台和合作机制进行评估和改进。可以定期开展用户调查，了解学生和法律机构对资源共享的需求和建议，根据反馈信息调整平台功能和合作模式。通过不断优化资源共享机制，能够更好地满足学生的法律学习需求，提升法律服务的质量和效率，实现资源的最大化利用。

二、建立合作伙伴关系

通过建立合作伙伴关系，大学生可以获取更多的法律知识、培训资源和实践经验，从而在创新创业过程中更好地应对法律挑战。与法律机构建立合作伙伴关系可以提供丰富的法律讲座和培训课程。律师事务所和法律咨询公司通常拥有丰富的法律资源和专业知识，可以邀请这些机构的专家为学生举办专题讲座、研讨会和培训课程。还可以定期邀请律师事务所的律师讲解合同法、知识产权保护和劳动法等相关法律知识，并结合实际案例进行详细分析。这些讲座和课程不仅可以提高学生的法律素养，还能够帮助他们掌握实际操作中的法律技巧和应对策略。创业孵化器是大学生获取创业支持的重要资源，与创业孵化器合作可以提供针对性的法律问题解决方案。创业孵化器通常与多家企业和法律专家合作，能够为创业者提供法律咨询、合同审查和风险评估等服务。可以与本地创业孵化器合作，举办联合培训活动，邀请成功的创业者分享他们在法律方面的经验和遇到的常见法律问题。同时，孵化器可以为学生提供法律资源的介绍和建议，帮助他们更好地理解和应用法律知识。

行业协会通常具备广泛的行业资源和人脉网络，与其合作可以为学生提供实际的法律实践机会，并增加对行业动态的了解。可以与相关行业协会合作，举办法律知识分享会和案例分析讨论会，让学生了解行业中的法律规范和实践经验。行业协会也可以为学生提供实习机会，使他们能够在真实的工作环境中应用所学的法律知识，从而提升实践能力。建立合作伙伴关系可以通过联合项目和活动来促进资源的共享和整合，例如，可以策划一个法律与创业结合的系列活动，包括法律讲座、实务操作和创业案例分析。

通过与法律机构、创业孵化器和行业协会的合作，这些活动可以涵盖从法律基础知识到实际应用的各个方面，为学生提供全面的法律培训和实践机会。这种综合性的活动不仅能够提高学生的法律素养，还能够增强他们的创业能力和实务经验。通过这些合作，学生能够在创新创业过程中更好地应对法律问题，推动他们的创业项目顺利进行。

三、利用数字化工具

数字化工具的应用为法律宣传与培训提供了新的方式和平台。通过在线教育平台、法律知识库和移动应用程序等工具，可以更高效地整合和传播法律知识，提高大学生的法律素养和应用能力。在线教育平台能够为学生提供便捷的法律学习资源和互动体验。开发一个集成法律课程、知识测评和案例分析于一体的在线平台，可以让学生在任何时间和地点访问所需的法律知识。平台可以设置不同模块的法律课程，包括合同法、知识产权法、劳动法等，提供视频讲解、电子教材和互动练习。平台还可以设立在线讨论区，学生可以在这里提出问题并与其他学习者或法律专家进行交流。这种在线学习模式能够满足学生个性化的学习需求，并提高学习效率。

法律知识库作为一种数字化工具，可以为学生提供系统化的法律信息和资源。法律知识库可以包括法律条文、案例分析、法律文献等内容，为学生提供全面的法律知识参考。建立一个集成最新法律法规、案例库和法律评论的知识库，使学生能够方便地查询和研究相关法律问题。这样的知识库不仅可以帮助学生了解法律的基本理论，还能为他们提供实际问题的解决方案，从而增强法律知识的实际应用能力。通过社交媒体平台发布法律知识小贴士、举办线上讲座和答疑活动，可以吸引更多学生参与法律学习。可以在社交媒体上设立法律知识专栏，定期发布法律常识、法律热点问题解答、创业法律风险防范建议等内容。通过举办线上讲座和直播答疑活动，学生可以实时参与，提出问题并获得专业的解答。这种互动性强的数字宣传方式能够提高法律知识的传播效果，并激发学生的学习兴趣。

四、开展定制化培训项目

（一）需求分析与培训设计

在开展定制化培训项目之前，首要任务是对大学生的需求进行详细分析。这一过程涉及对学生的创业方向、面临的法律挑战，以及所需的法律知识的全面了解。通过调研和访谈，能够准确掌握学生的具体需求，从而为培训课程的设计提供有力的数据支持。这一阶段的关键在于确保培训内容真正符合学生的实际需求，而不是一味地提供通用的法律知识。通过系统调研，了解学生在创业过程中遇到的主要法律问题。这包括对其创业领域的深入了解，比如科技创业、合同管理等。针对不同领域，法律挑战各不相同，因此，培训项目应具备高度的针对性。对于那些从事科技创业的学生来说，知识产权问题无疑是他们面临的核心法律挑战。在这种情况下，培训课程应特别关注知识产权的各个方面，如专利的申请与维护、商标的注册与保护、著作权的管理与维权策略等。这些内容不仅能够帮助学生理解知识产权的基本概念，还能指导他们如何在实践中有效保护自己的创新成果。

对于涉及合同管理方面的学生，培训内容则应集中于合同法的核心内容。合同法培训应涵盖合同的起草技巧、合同条款的修改与审核、合同的履行与纠纷处理等方面。通过详细讲解合同法的要点和实际操作经验,学生能够掌握处理合同相关事务的基本技能。这种针对性的培训能够帮助学生在创业过程中减少法律风险,确保合同的合法性和有效性,从而提高他们的创业成功率。为了确保培训课程的实用性和针对性,可以结合实际案例进行讲解。通过分析真实的案例,学生可以更直观地理解法律知识在实际操作中的应用。这种实践性的培训方式不仅增加了课程的互动性,也提升了学生的学习兴趣和效果。通过案例讨论,学生能够在面对具体问题时,学会如何运用法律知识采取有效的解决方案。

(二)培训内容与形式的多样化

传统的课堂讲授固然重要,但结合多种互动形式能够更有效地提升学生的法律知识应用能力。通过引入案例分析、实务操作和模拟法庭等多样化的培训方式,可以使学生在更真实的情境中体验法律实践,从而加深对法律知识的理解和应用。通过对真实案例的深入剖析,学生可以直观地了解法律问题的处理过程。在案例讨论中,学生不仅能够看到法律理论的实际应用,还能学习到如何在复杂的法律情境中做出合理的判断。特别是在知识产权领域,案例分析可以帮助学生理解专利申请的复杂过程、商标争议的解决办法,以及著作权侵权的处理方式。通过对成功和失败案例的比较,学生可以掌握处理类似法律问题的策略,从而在实际操作中更加得心应手。

通过模拟实际操作的练习,学生可以将所学的理论知识转化为实践技能。在知识产权的培训中,可以设计专利申请的模拟操作,让学生体验从撰写专利申请书到提交申请的全过程;在合同法的培训中,可以通过合同起草和修改的实务练习,使学生熟悉合同条款的设置和调整。这种操作性的培训不仅能够提高学生的动手能力,还能帮助他们在实际创业中更好地运用法律知识。模拟法庭的培训形式能够为学生提供一个接近真实法庭环境的体验。学生可以扮演不同的角色,如律师、法官、原告或被告,通过角色扮演来练习法律辩护和案件审理的过程。这种形式的培训不仅增加了学生的参与感,也提升了他们的法律思维和表达能力。通过处理法律问题、提出证据和进行辩论,学生能够在真实的法律实践中更加自信和从容。

(三)培训评估与反馈机制

评估和反馈不仅能够了解学生对培训的满意度,还能为项目的改进提供宝贵的信息。通过系统的评估,可以确保培训项目的内容和形式持续符合学生的需求,并在实际应用中取得良好的效果。问卷调查是一种有效的评估工具。培训结束后,通过设计详细的问卷,可以收集学员对培训内容、形式和讲师的全面反馈。问卷应涵盖多个方面，如培训的组织结构、课程内容的实用性、讲师的讲解质量、互动环节的效果等。通过量化的数据和学员的意见，可以明确识别出培训中的优势和不足。问卷调查可以揭示学生是否对特定的培训模块或讲师有特别的偏好，或者是否存在某些环节需要改进。这样的反馈不仅可以帮助培训机构了解学员的满意度，还能提供改进方向，为未来的培训项目提供指导。

通过面对面的访谈或在线交流，收集学员对培训内容和形式的具体意见和建议。学员的反馈通常包含他们在培训过程中遇到的具体问题、对课程内容的理解难点，以及实际应用中的挑战。这些直接的反馈能够提供深入的洞察，帮助培训机构理解学员的真实需求和期望。如果多名学员反映某一培训模块内容过于复杂，培训机构可以考虑简化内容或增加相关的辅导支持。这种基于实际体验的反馈对于优化培训内容和提升教学效果尤为重要。通过跟踪学员在培训后的实际应用情况，评估培训内容对其法律能力提升的影响。这可以通过观察学员在实际创业过程中如何运用所学法律知识、他们在处理法律问题时的表现，以及与导师或顾问的反馈来实现。可以设定一段时间后的跟踪评估，以评估学员在项目实施中的法律问题处理能力，确保培训的实际效果。培训机构可以了解培训内容是否真正提高了学员的法律能力，并据此进行必要的调整和改进。

基于评估和反馈的结果，定期对培训内容进行调整，以适应学生需求的变化和法律环境的发展。法律法规的变化可能会影响某些培训模块的相关性，培训机构应及时更新课程内容，确保培训项目与时俱进。通过不断改进和优化，可以保持培训项目的高质量和有效性，为学生提供更具针对性和实用性的法律培训。

第四节　大学生创新创业法律文化建设与推广

一、大学生创新创业法律文化建设

大学生在创新创业过程中面临着复杂的法律问题，构建良好的法律文化环境对他们的创业成功至关重要。法律文化建设不仅包括法律知识的普及，还涉及法律意识的提升和法律实践能力的培养。

（一）法律知识的普及与教育

大学生在创业过程中面临的法律挑战需要通过系统的法律知识普及和教育来应对。为了让学生能够顺利开展创业活动，学校必须确保他们掌握与其业务相关的法律基础知识，如知识产权法、合同法、劳动法等。这些法律知识不仅能够帮助学生理解创业过程中的法律要求，还能在遇到法律问题时提供有效的解决方案。学校可以开设专门的法律基础课程。这些课程应根据学生的创业方向和专业背景进行调整，确保教学内容与实际创业需求紧密相关。对于从事科技创业的学生，课程可以重点讲解知识产权法，介绍专利、商标和著作权的相关法规及实际操作流程；对于涉及合同管理的学生，则可以深入探讨合同法，教授合同的起草、修改和履行的法律要点。这种定制化的课程设置能够确保学生在创业初期就掌握关键的法律知识，从而减少法律风险，提高创业成功的概率。

通过邀请法律专家、资深律师或行业从业者来校分享他们的经验和见解，学生能接触到最新的法律动态和实践案例。专题讲座可以针对特定的法律问题，如知识产权保护的最新趋势、合同纠纷的处理方法等进行详细讲解；而工作坊则可以提供互动性强的学习体验，如模拟法律咨询和案例分析，帮助学生在实践中理解法律知识。这些活动不仅丰富了学生的法律知识，还提高了他们的法律实践能力。与此同时，现代教育技术的应用也能够有效提升法律知识的普及效果。利用在线学习平台和法律知识库，学生可以在任何时间和地点访问法律课程和学习资源。这些技术手段不仅扩展了法律教育的覆盖面，还提供了便捷的学习方式。通过在线课程，学生可以按照自己的节奏学习法律知识，并通过在线测试检验学习效果。法律知识库则可以提供详细的法律条文、案例分析和法律解释，使学生能够随时查阅和了解相关法律信息。这些技术手段的应用使法律教育更加灵活高效，能够满足不同学生的学习需求。

（二）法律意识的提升与培养

法律意识的提升不仅涉及法律条文的学习，更重要的是培养学生对法律权利和义务的敏感性及认知能力。法律意识的提升可以通过一系列富有互动性和实践性的教育活动实现，使学生在创业过程中更加重视法律规范，能够自觉运用法律手段保护自己的合法权益。通过组织法律知识竞赛，学生不仅能够检验自己对法律知识的掌握情况，还能激发对法律学习的兴趣。在竞赛过程中，学生需要在限定时间内回答有关法律问题，这种紧张的比赛环境能够促使他们更深入地理解和记忆法律条款及其应用。题型设计力求多样化，如单项选择题、案例分析题等，能够全面考查学生的法律知识和实际应用能力。通过竞赛，学生能够增强对法律知识的系统性认识，提高对法律问题的敏感性和处理能力。

通过模拟法庭，学生可以扮演不同角色，如法官、检察官、律师和被告，体验真实的法律程序和法律决策过程。这种角色扮演活动能够让学生直观地理解法律程序的复杂性和法律决策的重要性。模拟法庭不仅能帮助学生掌握法律知识，还能提高他们的辩论技巧和解决问题的能力。通过这种互动体验，学生能够感受到法律在实际生活中的重要性，从而更加尊重法律规范，并在创业过程中自觉遵守法律。通过对具体法律案例的讨论，学生可以分析案件的法律问题、判决理由和处理结果。这种讨论可以帮助学生理解法律在处理实际问题中的作用，认识到法律规范对社会秩序和个人权益的保护作用。通过讨论知识产权侵权案例，学生能够了解如何识别和应对知识产权侵权问题。通过讨论合同纠纷案例，学生能够学习如何有效地制定和履行合同。案例讨论不仅提高了学生的法律分析能力，还能增强他们对法律的实际应用能力。

（三）法律实践能力的培养

学校应提供多种实践机会，通过法律实务课程、法律实习和创业法律服务中心等形式，帮助学生在真实或模拟的法律环境中进行操作和实践。与传统的课堂讲授不同，法律实务课程侧重于实际操作和技能训练。在合同法课程中，除了讲解合同条款的基本知识，还应加入合同的起草、审核和修改的实际练习。学生可以通过模拟合同谈判和合同草拟的实务操作，掌握如何在实际情况下处理合同问题。这样，学生不仅能够理解合同法的理论，还能在实践中应用这些知识，提升其实际操作能力。同样，对于知识产权的课程，可以安排专利申请、商标注册等实务操作的练习，使学生能够熟悉知识产权保护的具体流程。

法律实习能够让学生在真实的法律环境中，面对实际的法律问题，进行实地操作和体验。通过在律师事务所、法律顾问公司或法院的实习，学生可以获得与法律相关的实际经验，例如，参与案件的研究、起草法律文件、准备法律材料等。这种实习经验不仅能够提升学生的法律实践能力，还能够提升他们的法律职业素养。建立创业法律服务中心是另一种有效的实践方式。该中心可以为学生提供创业过程中遇到的法律咨询和服务，帮助他们解决实际的法律问题。学生不仅能够将所学的法律知识应用于实际问题，还能够获得来自法律专家的指导和建议。创业法律服务中心还可以组织法律讲座和工作坊，邀请法律专业人士和成功创业者分享经验和见解，帮助学生了解法律在创业中的实际应用及成功经验。

（四）法律支持体系的建设

一个完善的法律支持体系能够为学生在创业过程中提供及时、专业的法律帮助，帮助他们应对各种法律挑战，并有效利用法律资源。通过与法律机构、创业服务中心等合作，学校可以建立起一个综合性的法律支持平台，增强学生的法律保障和支持能力。学校应积极与律师事务所、法律顾问公司等专业机构建立合作关系，充分运用这些机构的专业资源，为学生提供法律咨询和援助。这些法律机构可以定期派遣专业律师或法律顾问到学校，为学生解答法律问题，提供法律咨询服务。这种合作形式不仅能够提高学生对法律问题的认识,还能够在实际操作中获得法律专家的指导。学生在准备创业计划时,可以通过咨询律师来了解相关的法律要求,确保其创业活动符合所有法律规范。

学校可以通过设立法律援助中心,为学生提供免费的法律咨询服务。这些中心可以由法律专业的学生或志愿者律师组成,为有需要的学生提供法律咨询、文书撰写和案件分析等服务。这种形式不仅能够帮助学生解决实际的法律问题,还能够为他们提供实践经验,提升其法律技能。法律援助服务还可以定期举办法律培训,帮助学生了解最新的法律法规和政策变化。法律咨询热线的设立能够为学生提供便捷的法律咨询渠道。通过开通法律咨询热线,学生可以随时拨打热线电话,咨询法律问题或寻求法律帮助。这种即时的沟通方式能够帮助学生在遇到法律问题时快速获得解决方案,也方便他们随时了解法律支持资源的最新动态。法律热线还可以与在线咨询平台结合,提供更加灵活和方便的服务。通过邀请法律专家、资深律师或成功的创业者来校讲授法律知识和经验,能够帮助学生深入理解法律问题的实际应用。同时,定期举办法律培训能够帮助学生掌握最新的法律知识和技能。这些讲座和培训不仅增加了法律知识的覆盖面,还能够提高学生对法律支持资源的认知和利用能力。

二、大学生创新创业法律文化推广

推广法律文化在大学生创新创业中的重要性不可忽视。法律文化推广不仅有助于提高学生的法律意识和法律素养,还能促进法律知识的实际应用,从而帮助学生在创业过程中有效应对各种法律挑战。

(一)创办法律文化活动

创办法律文化活动是提升大学生法律意识和实践能力的有效方式。通过组织多样化的法律文化活动,学校可以引导学生关注法律问题,增强其法律素养,并激发他们对法律学习的兴趣。这些活动包括法律知识竞赛、法律讲座和模拟法庭等,每种活动形式都有其独特的教育价值和影响力。通过举办法律知识竞赛,学校能够为学生提供一个检验法律知识的平台,激励他们深入学习法律知识。竞赛的题目可以涵盖法律条文、案例分析和法律实务等多个方面,既能考查学生对法律基础知识的掌握情况,又能测试他们在实际法律问题中的应对能力。竞赛的过程中,学生需要在规定的时间内回答问题,这种紧张的竞赛环境能够促使他们更认真地学习和复习法律知识。竞赛还可以设置奖项,激励学生积极参与,从而提升他们对法律学习的兴趣和动力。

学校可以邀请法律专家、资深律师或成功的创业人士来校举办法律讲座。这些讲座可以围绕具体的法律问题，如知识产权保护、合同管理或劳动法等进行深入探讨。通过专家的讲解和实际案例分析，学生能够更好地理解法律条款的实际应用和法律在创业过程中的重要作用。一位专注于知识产权的律师可以分享他在保护创新成果方面的经验，帮助学生了解如何在创业过程中处理知识产权问题。法律讲座不仅丰富了学生的法律知识，还提供了宝贵的实践经验，有助于他们将理论知识应用于实际情况。学生可以扮演法官、律师、原告或被告等角色，亲身参与到法律审理的过程中。这种角色扮演的形式能够让学生直观地体验到法律程序的复杂性和法律决策的挑战。学生需要准备法律材料、进行辩论、提出证据和进行法律论证，这不仅帮助他们了解法律程序，还锻炼了他们的法律思维和沟通能力。通过这种实践活动，学生能够增强对法律规范的尊重，并学会如何在实际情境中应用法律知识，从而提升他们的法律素养和实践能力。

（二）建立法律知识传播平台

通过利用互联网技术，学校可以创建法律知识网站或微信公众号，以便于学生随时获取法律相关的信息和资源。这种平台不仅能够提供法律法规的最新信息，还能够为学生提供实用的创业法律指南和风险防范策略，从而大大提高法律知识的普及率和覆盖面。法律知识网站和微信公众号可以定期发布有关法律的文章、视频和案例分析。这些平台能够涵盖广泛的法律领域，包括基础法律知识、创业法律实务、法律政策更新等。网站可以设立专门的栏目，发布关于知识产权保护、合同管理、劳动法等方面的文章，详细解读相关法律条文，并结合实际案例进行分析。通过多媒体内容的形式，如视频讲解和图文并茂的文章，学生可以更直观地理解法律条款的应用。平台还可以定期更新法律法规的最新信息，帮助学生了解法律领域的最新动态，确保他们的知识始终保持更新。

建立法律知识传播平台还可以提供创业法律实务指南和法律风险防范策略。这些指南和策略可以帮助学生在创业过程中识别和规避常见的法律风险，如合同纠纷、知识产权侵权和劳动争议等。平台可以通过发布实务操作指南、案例分析和专家建议，为学生提供针对性的法律支持。平台可以介绍如何起草合法有效的合同、如何处理知识产权问题、如何在劳动关系中维护自身权益等实用内容。这些信息能够帮助学生在创业过程中做出更为明智的法律决策，从而减少法律纠纷的发生。为了进一步增强学生的法律意识和实践能力，平台还可以设立在线问答功能。这一功能允许学生提出法律问题，并获得专业的解答。通过在线问答，学生可以就自身面临的法律问题向专家咨询，获得针对性的法律建议。这种互动形式不仅能够解决学生在实践中遇到的具体问题，还能提高他们对法律问题的敏感性和处理能力。问答功能还可以积累常见问题的解答，形成一个丰富的法律知识库，供其他学生参考和学习。

法律知识传播平台可以通过建立用户社区或论坛，促进学生之间的交流与讨论。通过社区，学生可以分享自己在创业过程中遇到的法律问题和解决经验，与其他创业者进行经验交流。这种互动不仅能够丰富学生的法律实践经验，还能促进他们对法律文化的理解和认同。

（三）推动法律文化进课堂

将法律文化融入课堂教学是提高大学生法律意识和实践能力的关键策略。教师通过引入与创业相关的法律案例、法律问题为主题的课程项目，能够将法律知识与实际应用紧密结合，从而增强学生对法律的理解和应用能力。这种教学方式不仅使学生在理论学习中获得知识，更能在实际操作中提升解决问题的能力。通过案例分析，学生能够直观地了解法律条款如何在现实中应用。教师可以选择一些经典的创业相关法律案例，如合同纠纷、知识产权侵权或劳动争议案件，进行深入分析。通过讨论案件中的法律问题、法官的裁决理由及其对当事人的影响，学生能够更好地理解法律条款的实际含义和应用。案例分析不仅帮助学生将抽象的法律条文与实际情况相联系，还能够提高他们分析问题和解决问题的能力。这种教学方式能够使学生在分析具体案件时，逐渐形成法律思维和法律判断能力。

教师可以设计一些与创业相关的法律问题，如合同的起草与审核、知识产权的申请与保护等，让学生在解决实际问题的过程中运用法律知识。可以设置一个课程项目，要求学生模拟编写一份合同并进行审核，或模拟处理一起知识产权侵权案件。通过这种实际操作，学生不仅能够将所学的法律理论应用到实践中，还能体验到法律工作中的实际挑战。这种课程项目能够促进学生主动学习，培养他们的实践能力和解决法律问题的能力。课堂教学中还可以通过互动式教学方法增强法律文化的推广效果。教师可以组织小组讨论、角色扮演和辩论赛等活动，让学生在互动中学习法律知识。这些活动能够激发学生的参与热情，提高他们的法律理解能力。在角色扮演活动中，学生可以扮演不同的法律角色，如律师、法官和当事人，通过模拟法庭的形式，体验法律程序和法律决策的过程。这种互动式的教学方法能够使学生在实践中加深对法律条文的理解，提升他们的法律意识和应用能力。

（四）与企业和法律机构合作

与企业和法律机构合作是推广法律文化的有效途径，能够为学生提供丰富的实践机会和专业指导。学校可以引入企业和法律机构的资源，组织讲座、培训和宣传活动，帮助学生更好地理解法律在实际情形中的应用，提升他们的法律素养和实践能力。邀请企业的法律顾问或法律机构的专家到校开展讲座和培训，是合作的一种直接方式。企业法律顾问和法律专家通常具有丰富的实践经验，他们能够为学生提供关于创业中的法律问题、法律风险管理和合规操作等方面的宝贵见解。通过这些讲座，学生不仅能够了解法律条款的实际应用，还能获得行业专家的实战经验。企业法律顾问可以分享企业在合同管理、知识产权保护或劳动关系中的法律实践经验，帮助学生理解如何在实际工作中处理类似问题。法律专家还可以进行专题培训，针对特定的法律问题进行深入讲解，提高学生的专业技能和实际操作能力。

与企业和法律机构共同举办法律文化宣传活动，如法律咨询服务日或法律沙龙，是另一种有效的合作方式。通过这些活动，学生能够直接与法律专业人士互动，获取个性化的法律咨询服务。法律咨询服务日可以设立专门的咨询区域，邀请企业律师或法律机构的专家为学生提供免费的法律咨询，解答他们在创业中遇到的法律问题。法律沙龙则可以成为一个交流的平台，学生可以与法律专家和行业人士进行面对面讨论，了解法律在企业运营中的实际应用。这些活动不仅为学生提供了直接的法律支持，还能够提升他们对法律支持资源的认识和利用能力。学校可以与企业合作，为学生提供实习机会，让他们在真实的企业环境中参与法律相关的工作。通过实习，学生能够在实践中应用所学的法律知识，体验法律工作的实际挑战。企业和法律机构还可以参与学校的法律研究项目，提供数据支持和实践案例，进一步增强学生的法律研究能力和实践能力。这种与企业和法律机构的合作不仅丰富了学生的法律学习体验，还能够为他们未来的职业发展奠定基础。通过与实践相结合的法律教育，学生能够更好地理解法律的实际应用，提升他们在创业和职业生涯中的法律素养和实践能力。

第八章　大学生创新创业法律政策与支持

第一节　大学生创新创业政策法规解读与分析

　　大学生在创新创业过程中需要了解和遵守一系列政策法规。这些政策法规不仅提供了创业的法律框架，还为创业活动的开展提供了支持和保障。

一、创新创业政策背景

　　大学生创新创业政策的背景源于国家对创新驱动发展战略的重视，以及鼓励大学生参与创业活动的战略需求。近年来，政府出台了一系列政策，旨在推动创新创业，激发大学生的创业热情。

（一）经济转型升级的需要

　　国家经济正处于由高速增长向高质量发展的转型阶段，这一过程需要创新驱动和创业带动来推动经济的结构调整和升级。大学生作为这一过程中的新兴力量，拥有鲜明的创新特点和较高的创业热情。政府通过政策支持，希望发挥大学生的创业潜力，以助力经济转型和升级。传统经济模式主要依赖资源和劳动力的投入，然而，在资源日益紧张和环境压力增大的背景下，这种模式已经难以支撑经济的持续增长。因此，国家提出了以创新为核心的发展战略，强调技术进步和创新在推动经济高质量发展中的关键作用。大学生，作为新时代的创新先锋，具有较强的创新意识和开阔的视野，他们的创业活动往往带有较强的技术驱动性和市场导向性。政府希望通过政策支持，鼓励大学生将其创新能力转化为实际的创业成果，从而促进经济结构的优化升级。

随着科技的不断进步和市场需求的变化，新兴产业如人工智能、生物技术、新能源等正成为经济发展的重要增长点。大学生在这些领域的创业项目，往往具备技术领先和市场前景广阔的特点。许多大学生创办的初创企业致力于人工智能技术的应用和开发，推动了相关领域的技术进步和产业发展。政府通过制定相关政策，提供创业资金、税收优惠和技术支持，旨在激发大学生的创新活力，推动新兴产业的发展，从而促进经济转型升级。经济转型过程中，传统行业的就业岗位可能会减少，但新兴行业和创业活动却能够创造出大量的新就业机会。大学生创业不仅能够实现自我价值，还能够通过创业项目创造新的就业岗位，为社会经济注入新的活力。许多大学生创业公司在运营过程中，逐步发展壮大，吸纳了大量的社会劳动者。这种创业带动就业的效果，不仅能够缓解经济转型带来的就业压力，还能推动社会整体的经济增长。

大学生作为经济转型的主体之一，他们的创新创业活动具有显著的市场适应性和灵活性。大学生创业项目通常能够快速响应市场需求变化，试验新的商业模式和产品，这种灵活性对于应对经济环境的不确定性具有重要意义。政府通过制定支持政策，为大学生创业提供必要的资源和保障，不仅能够提升大学生的创业成功率，还能够增强经济的韧性和适应能力。

（二）高校创新创业教育的推动

为了有效培养学生的创业能力和实践经验，国家出台了一系列政策，旨在鼓励高校加强创新创业教育。这些政策不仅提供了明确的方向和支持，也为高校的创新创业教育注入了新的动力。政府认识到，大学生作为未来社会和经济的主力军，具备较高的创新能力和创业潜力。为了培养这一潜力，国家积极推动创新创业教育，鼓励高校在课程设置和教学方法上进行创新。这些政策包括设立创业专项资金、提供教育资源和设施支持、制定创新创业教育的相关标准等。国家希望能够系统地提升大学生的创业能力，使其能够更好地应对实际创业过程中遇到的挑战。

高校作为培养人才的主要机构，其教育内容和形式对学生的创业能力具有直接影响。为此，国家政策鼓励高校将创新创业教育纳入培养方案，并要求高校根据市场需求和行业发展趋势，调整和优化课程设置。许多高校现在开设了专门的创业课程和实践项目，学生可以通过参与这些课程和项目，获取有关创业的实用知识和技能。部分高校还与企业和创业导师合作，提供实际的创业实践机会，让学生在真实的商业环境中锻炼自己的能力。这种教育模式不仅丰富了学生的实践经验，还提高了他们的创业成功率。另外，高校通过创新创业教育还可以帮助学生建立创业网络和资源平台。国家政策推动高校建设创新创业孵化器和创客空间，为学生提供创业所需的资源和支持。这些孵化器和创客空间不仅提供了办公场所和设施，还为学生提供了创业导师的指导和创业资金的支持。学生可以更方便地进行项目开发和业务拓展，并且能够在创业过程中得到及时帮助和指导。高校还可以组织创业大赛和创新活动，激发学生的创业热情，帮助他们在实际操作中检验和完善自己的创业构想。

（三）支持小微企业的发展

作为大学生创业项目的主要形式，小微企业不仅能够促进创新和技术进步，还能对地方经济和社会发展产生积极影响。因此，政策对小微企业的支持成为促进大学生创业成功的重要举措。数据显示，小微企业在全球经济中占据了重要地位，它们不仅为大多数劳动者提供了就业机会，还在推动经济增长和创新方面发挥了重要作用。大学生创业项目通常以小微企业的形式存在，这些企业往往具备灵活性高、适应能力强等优势，能够迅速响应市场变化和需求。因此，为小微企业提供支持，不仅能够帮助大学生创业者顺利启动和运营项目，还能通过这些企业的成功运作，推动经济的整体发展。

政府出台了多项政策来支持小微企业的发展。这些政策涵盖了从资金支持、税收优惠到技术援助等多个方面。政府提供的创业资金和贷款支持，能够帮助大学生创业者解决初期资金不足的问题。国家通过设立创业扶持基金、提供低息贷款和风险投资等方式，为小微企业提供资金支持。这些资金支持能够帮助创业者购买设备、招聘员工和进行市场推广，从而为企业的发展打下坚实的基础。政府通过减免税收、提供税收返还等方式，降低小微企业的运营成本。这种政策可以有效减轻大学生创业者的财务压力，使他们能够将更多的资源投入企业的创新和发展中。政府还提供了针对小微企业的技术支持和培训服务，如技术改造补贴、培训补助等，这些措施能够帮助创业者提高技术水平和管理能力，从而提升企业的竞争力。

政府通过简化审批程序、降低市场准入门槛等措施，减少创业者在注册和运营过程中的障碍。政府推出了一系列简化注册流程的措施，降低了小微企业的开办成本。与此同时，政策还加强了对小微企业的法律保护，确保创业者的合法权益不受侵害。通过建立完善的知识产权保护体系和劳动关系管理机制，为小微企业的运营提供法律保障。

二、主要政策内容

(一) 创业资金支持

国家和地方政府为大学生创业项目提供的资金支持,主要包括创业资金资助、风险投资支持和贷款贴息等多种形式。这些资金支持旨在缓解创业者面临的财务压力,助力他们顺利启动和运营创业项目。国家通常设立创业扶持基金,用于资助具有创新性和市场潜力的创业项目。这些资助资金可以用于企业的初期投入,如研发费用、设备购置和市场推广等。大学生创业者通常面临资金不足的问题,特别是在项目启动阶段,资金支持可以帮助他们解决基础设施建设、产品开发和运营成本等方面的开支。一些地方政府会设立专项资金,通过竞标、评审等方式向符合条件的创业项目提供资助。这不仅能够减轻创业者的经济负担,还能增强他们的创业信心。

风险投资机构通常对具有高增长潜力和创新能力的创业项目感兴趣。政府鼓励风险投资机构投资大学生创业项目,通过提供财政补贴、税收优惠等措施,降低风险投资的成本。这种投资不仅提供了资金支持,还带来了丰富的行业资源和专业指导。风险投资支持的优势在于,它不仅能够为创业者提供资金,还能帮助他们在企业发展过程中获得专业的市场分析、管理咨询和技术支持。通过引入风险投资,大学生创业者能够获得更全面的支持,从而提高创业成功的可能性。许多大学生创业者由于缺乏足够的资本,难以获得传统银行贷款。为了解决这一问题,政府提供了贷款贴息政策,即对符合条件的创业项目提供贷款贴息补贴,降低创业者的贷款成本。这种政策通常包括提供低息贷款、部分贷款利息补贴等措施,帮助大学生创业者获得必要的资金支持。这不仅缓解了创业初期的财务压力,还鼓励更多的大学生投身创业领域。

通过这些资金支持政策,大学生创业者能够在创业初期获得必要的经济支持,从而更加专注于项目的研发和市场拓展。政府的资金支持措施有效地解决了创业者面临的资金困境,为他们提供了良好的创业环境和发展机会。同时,这些政策还能够激励更多的大学生积极参与创业,为社会经济的发展注入新的活力和动力。

(二) 创业培训和辅导

创业培训和辅导是政府为支持大学生创业而推出的重要措施。这些措施包括创业课程、导师指导和创业孵化器的支持等,旨在提升大学生的创业技能和管理能力,为他们提供专业的支持和帮助。通过这些培训和辅导,大学生能够更好地准备和应对创业过程中的各种挑战。许多高等院校和创业培训机构开设了专门的创业课程,这些课程涵盖了从创业基础知识到高级管理技能的各个方面。创业课程通常包括商业计划书的撰写、市场调研与分析、财务管理、营销策略等内容，旨在帮助大学生系统地掌握创业所需的基本知识和实用技能。这些课程不仅提供理论知识，还采取案例分析、实务操作等方式，使学生能够将所学知识应用于实际创业中。课程中可能会涉及如何进行市场定位、制定竞争策略等实际问题，使学生在课程结束后具备明确的创业方向和操作策略。

创业导师通常是具有丰富创业经验的企业家或行业专家，他们能够为大学生创业者提供一对一的指导和建议。通过与导师的交流，创业者可以获得宝贵的经验分享和实用的建议，包括如何制订商业计划、如何应对市场挑战、如何管理团队等。导师的指导不仅能够帮助创业者规避常见的错误，还能够提供针对性解决方案，从而提升创业成功的概率。一位经验丰富的导师可以帮助大学生优化商业计划，改进市场营销策略，甚至提供行业资源和人脉支持。这种个性化的指导对于初创企业来说具有重要的意义，有助于创业者快速成长和成熟。创业孵化器通常提供一整套的支持服务，包括办公空间、技术支持、法律咨询、融资对接等。大学生创业项目可以通过加入创业孵化器，获得来自专业机构的全面支持。这些孵化器不仅提供基础设施和资源，还组织各种培训活动和创业讲座，帮助创业者提高技能、拓宽视野。孵化器可能会定期举办创业沙龙、技术交流会等活动，邀请业内专家、成功创业者分享经验和知识。这些活动不仅能够帮助创业者了解行业动态，还能促进他们与其他创业者进行交流与合作，从而形成良好的创业生态圈。

（三）法律和行政支持

政府出台的政策法规不仅涉及经济和金融支持，还包括对创业企业的法律和行政支持。这些措施旨在简化创业流程、提供法律咨询服务等，从而降低创业门槛，减轻创业负担。法律和行政支持对于大学生创业者而言，具有至关重要的作用，能够有效提高创业效率，促进创业项目的顺利开展。创业的初期阶段，企业注册是必不可少的一步。然而，烦琐的注册流程和复杂的审批手续往往成为创业者的障碍。政府在许多地方推行了简化注册流程的政策。政府提供了在线注册平台，允许企业通过互联网完成注册申请，减少了纸质文件的提交和现场审批的需求。这种简化流程不仅节省了时间和成本，还降低了创业者的行政负担，使他们能够更专注于核心业务的发展。政府还推动"一站式服务"模式，将企业注册、税务登记、社保缴纳等多个行政服务整合到一个服务窗口，进一步简化了创业手续。

大学生创业者常常面临诸如合同签署、知识产权保护、劳动法遵循等法律问题。为了帮助创业者解决这些法律问题，政府和相关机构通常提供免费或低成本的法律咨询服务。这些服务包括法律顾问的咨询、合同审查和法律培训等，旨在帮助创业者避免法律纠纷和不必要的法律风险。许多地方政府设立了创业法律援助中心，提供专业的法律咨询和法律服务，帮助创业者了解和遵循相关法律法规。这种法律支持不仅能够提高创业者的法律意识，还能够帮助他们合法合规地运营企业，从而减少潜在的法律风险。政府还通过制定和实施相关政策，简化企业审批程序，进一步降低创业门槛。

第二节　大学生创新创业法律服务机构建设与运作

一、大学生创新创业法律服务机构建设

大学生创新创业法律服务机构的建设是促进大学生创业成功的重要组成部分。通过提供专业的法律服务，这些机构能够帮助大学生解决创业过程中的法律问题，并提升创业项目的成功率。

（一）设立专门的法律服务中心

建立专门的法律服务中心是支持大学生创业的基础措施。这些法律服务中心通常设在高校或创业孵化器内，旨在为大学生创业者提供系统化的法律咨询和服务。法律服务中心可以提供包括法律咨询、合同审查、知识产权保护、劳动法事务等多方面的服务。通过设立这样的中心，大学生能够在创业初期获得必要的法律支持，从而更好地应对创业过程中的法律挑战。法律服务中心提供的咨询服务可以帮助创业者解决合同签署、商业合规等实际问题。合同是创业过程中关键的法律文书，合理的合同条款能够保护创业者的权益，而不合理的条款可能导致法律纠纷。法律服务中心可以提供合同模板、审查服务和条款建议，帮助创业者制定和修改合同。知识产权保护也是创业的重要领域，法律服务中心可以提供专利申请、商标注册等服务，帮助创业者保护其创新成果。

（二）提供法律培训和教育

大学生创新创业法律服务机构可以通过举办法律培训班、讲座和研讨会等活动，提升创业者的法律意识和实务操作能力。这些培训内容应涵盖创业法律基础、知识产权保护、合同法、公司法等方面，帮助大学生理解相关法律法规，并掌握应用法律知识的技能。法律服务机构可以与高校合作，定期组织法律培训课程，邀请法律专家或行业从业者讲解法律实务。这些培训课程不仅包括理论知识，还

应结合实际案例进行分析，使学员能够更好地理解和应用法律知识。开展模拟法庭、法律竞赛等活动，可以增强学生的实际操作能力和法律意识，提高他们处理法律问题的能力。

（三）建立法律资源共享平台

建立法律资源共享平台有助于提高法律服务的覆盖面和可达性。通过创建在线法律服务平台，大学生创业者可以方便地获取法律信息、咨询服务和实务指导。法律资源共享平台可以包括法律知识库、常见问题解答、在线咨询功能等，为创业者提供全天候的法律支持。平台可以结合现代互联网技术，提供便捷的在线服务，比如，法律服务平台可以设立在线问答专区，允许创业者提交法律问题并获得专业律师的解答。同时，平台还可以提供法律文书模板、法律法规查询工具等资源，帮助创业者自助解决一些常见的法律问题。通过建立这样的平台，法律服务机构能够为更多的大学生创业者提供及时和高效的法律支持。

（四）加强与法律机构和企业的合作

与法律机构和企业的合作能够提升法律服务机构的资源和能力。大学生创新创业法律服务机构可以通过与律师事务所、法律援助机构、企业法律顾问等建立合作关系，拓宽法律服务的渠道和范围。法律服务机构拥有很多专业资源，能为创业者提供更为全面的法律服务。合作的形式可以包括设立实习和实践基地、共同举办法律讲座和研讨会、提供法律服务补贴等。律师事务所可以提供免费的法律咨询和服务，企业法律顾问可以分享实际运营中的法律经验。因此，通过加强与法律机构的合作，大学生创业者能够获得更多的专业指导和实践机会，进一步提升其法律素养和创业能力。

二、大学生创新创业法律服务机构运作

（一）建立专业化团队

成功运作的法律服务机构需要拥有一支专业化的团队。该团队应由具有丰富法律实践经验的法律专家、律师及咨询师组成，他们能够提供涵盖合同法、知识产权、劳动法等多方面的专业服务。专业化团队的建设不仅要求成员具备深厚的法律知识，还需要具备良好的沟通和服务技能，以便为创业者提供高质量的法律支持。团队成员应定期接受培训，了解最新的法律法规和市场动态。法律服务机构还应与法律院校和专业法律组织合作，吸纳有潜力的法律人才和实习生，增强团队的综合实力和服务能力。

（二）提供多元化的服务项目

法律服务机构应提供多元化的服务项目，以满足大学生创业者在不同阶段的法律需求。服务项目可以包括法律咨询、合同审核、知识产权申请、法律风险评估、企业设立及合规指导等。通过这些服务，创业者可以在公司注册、合同管理、知识产权保护等方面获得必要的法律支持。创业初期，法律服务机构可以帮助创业者制定和审查商业计划书中的法律条款，确保合法合规；在企业运营阶段，机构可以提供知识产权保护的专业指导，帮助创业者申请专利、注册商标等；在企业发展和扩张阶段，机构可以进行法律风险评估和合规指导，确保企业的运营符合相关法律法规。

（三）运用技术手段提升服务效率

现代技术的应用可以显著提升法律服务机构的工作效率。法律服务机构可以利用互联网技术建立在线咨询平台、法律知识库和自动化工具，提供便捷的法律服务。这些技术手段不仅可以提高服务效率，还能扩展服务范围，使更多的大学生创业者能够获得及时的法律支持。在线咨询平台可以实现实时沟通，创业者无须亲临服务机构即可获得法律咨询服务。法律知识库可以存储和更新各种法律文献和实务指南，为创业者提供自助查询的资源。自动化工具，如合同生成软件，可以帮助创业者快速生成标准合同，减少人工操作的时间和成本。

（四）开展法律普及与培训活动

法律服务机构应定期举办法律讲座、培训班和研讨会，向大学生创业者普及法律知识和实务技能。这些活动可以涵盖创业法律基础、知识产权保护、合同管理等内容，帮助创业者掌握必要的法律知识，增强法律意识和实践能力。可以组织实务操作培训，让学生在模拟环境中体验实际的法律问题，增强解决实际法律问题的能力。

（五）建立反馈与改进机制

为了确保法律服务的质量和效果，法律服务机构需要建立有效反馈与改进机制。通过定期收集创业者的反馈意见，机构可以了解服务的满意度、存在的问题及改进的方向。这些反馈信息不仅有助于提高服务质量，还能帮助机构不断优化服务流程和项目内容。可以通过问卷调查、访谈和数据分析等方式收集反馈信息。法律服务机构还应建立问题解决和投诉处理机制，确保创业者的问题能够得到及时有效解决。通过持续改进和调整，法律服务机构能够更好地满足大学生创业者的需求，提高服务的整体水平。

（六）促进与其他支持机构的合作

法律服务机构应积极与其他支持机构进行合作，如创业孵化器、投资机构、行业协会等。这种跨机构的合作可以为大学生创业者提供更全面的支持，整合资源，实现优势互补。通过合作，法律服务机构能够拓展服务网络，获得更多的资源和信息，从而更好地支持大学生创业者的发展。法律服务机构可以与创业孵化器合作，共同为创业者提供法律支持和孵化服务；与投资机构合作，提供法律尽职调查服务，为创业项目的融资提供支持；与行业协会合作，举办行业相关的法律讲座和培训，提升创业者在特定领域的法律素养。因此，加强与法律服务机构合作能够更好地服务大学生创业者，帮助他们克服创业中的各种挑战。

第三节　大学生创新创业法律政策与社会资源对接

大学生创新创业的成功不仅依赖于法律政策的支持，还需要与社会资源有效对接。通过整合法律政策和社会资源，可以为大学生创业提供更全面的支持，促进其创业项目的顺利发展。

一、政策与地方创业资源的对接

将国家和地方的创业政策与具体的地方创业资源对接，为大学生创业者提供了切实可行的支持。这种对接不仅能将政策优势转化为实际资源，还能帮助大学生创业者有效利用地方的资源与服务。地方政府根据本地经济发展的需求，制定了一系列具有针对性的创业扶持政策。这些政策通常包括资金补贴、税收优惠、创业培训等，旨在激励创业活动并支持创业者的成长。地方政府可能会设立专项资金用于支持大学生创业项目，为他们提供启动资金或运营资金。这些资金补贴可以有效缓解大学生创业初期的财务压力，使他们能够集中精力于业务发展，而不是资金筹措。税收优惠政策可以减少企业的运营成本，为创业者提供额外的财务支持。通过这些政策，大学生创业者可以获得实实在在的帮助，促进创业项目的顺利推进。

地方创业服务部门或机构在政策与创业资源对接中发挥了关键作用。这些机构通常设立在地方政府部门、创业园区或商业协会内，专门负责提供创业相关的咨询服务和支持。大学生创业者可以通过这些机构获得关于地方政策的详细信息，并得到专业的政策申请指导。这些机构不仅帮助创业者理解复杂的政策条款，还提供实际的申请流程和注意事项。创业服务中心可以提供政策解读讲座、个性化咨询及申请材料的审核服务，确保大学生能够顺利获得政策支持。地方还拥有一些具有实际支持功能的资源，如创业孵化器、创业园区和企业加速器等。创业孵化器提供的服务包括办公空间、创业指导和市场拓展等,这些服务对于刚刚起步的大学生企业尤为重要。通过入驻创业孵化器,大学生创业者不仅可以获得便捷的办公环境,还可以得到来自行业专家的指导和支持。孵化器通常还会组织各种培训和交流活动,帮助创业者提升技能并拓展人脉。创业园区则提供了一系列的配套设施和服务,如融资支持、法律咨询和业务对接,进一步帮助创业者降低创业风险和成本。

二、法律服务与创业孵化器的结合

将法律服务与创业孵化器结合,能够显著增强大学生创业者的法律支持,从而提高其创业成功的概率。这种整合方式通过提供全方位的法律服务,不仅帮助创业者在项目启动和运营中处理法律问题,还能够在企业发展过程中预防潜在的法律风险。创业孵化器不仅能提供办公空间和基础设施,还能引入专业的法律服务团队,为入驻企业提供综合性的法律支持。这些法律服务团队通常由具有丰富经验的律师、法律顾问组成,他们专注于处理企业日常运营中的法律事务,包括合同审核、知识产权保护和法律风险评估等。通过将这些法律服务整合到孵化器的服务体系中,创业者能够在孵化器内直接获得所需的法律帮助,无须额外寻找外部法律服务。

创业初期,法律服务团队可以帮助创业者制定和审核合同,确保合同条款合法且符合业务需求。合同是创业过程中至关重要的法律文件,合理的合同条款能够有效保护创业者的权益,减少法律纠纷的风险。法律服务团队可以提供合同模板、审查合同条款、建议修改方案等服务,确保合同的合法性和合规性。孵化器还可以提供知识产权保护的专业指导,帮助创业者申请专利、注册商标,并维护其创新成果的合法权益。在企业运营和发展阶段,法律服务团队能够进行法律风险评估,帮助企业识别潜在的法律问题,制定应对策略。这种风险评估包括对企业合规性、合同履行情况、知识产权维护等方面的审查。通过对法律风险的提前预判和管理,创业者可以有效规避法律纠纷,减少法律诉讼的可能性,从而保证企业的平稳运营和长期发展。创业孵化器还可以定期组织法律培训和讲座,提升创业者的法律素养和实际操作能力。这些培训内容可以涵盖合同法、知识产权法、公司法等基础法律知识,以及如何在实际经营中应用这些知识。通过法律培训,创业者不仅可以增强法律意识,还能增强其解决实际法律问题的能力。

三、政府支持与社会资本的对接

政府支持与社会资本的对接,是推动大学生创业项目成功的重要策略。这种对接机制通过整合政府提供的政策支持和社会资本的投资资源,能够为大学生创业者提供更为全面和有效的支持，进而促进创业项目的成功实施和长期发展。政府通过设立创业基金和提供政策激励，可以有效促进社会资本的投入。许多地方政府设立了专项创业基金，用于资助初创企业，尤其是大学生创业项目。这些政府基金不仅直接提供资金支持，还可以通过设立投资引导基金的方式，吸引社会资本的参与。政府还会出台一些政策激励措施，如风险投资税收减免、投资补贴等，以鼓励风险投资机构和天使投资人投资大学生创业项目。这些政策激励措施旨在降低投资风险，提高社会资本对大学生创业项目的投资意愿，从而为创业者提供充足的资金来源。

社会资本的注入不仅能够提供必要的资金支持，还能够带来丰富的行业资源和市场经验。风险投资机构和天使投资人通常具有丰富的行业经验和广泛的商业网络，他们能够为创业者提供市场拓展、业务合作和战略指导等支持。通过与社会资本对接，大学生创业者能够获得来自行业专家的建议和资源，这对于项目的早期发展和市场进入至关重要。投资人可能会利用其行业资源帮助创业者寻找客户和合作伙伴，提供市场营销策略建议等，从而加速创业项目的发展。政府可以通过与社会资本合作，设立创新创业示范区或孵化器，为大学生创业项目提供长期的支持和服务。这些孵化器通常包括办公空间、技术支持、管理培训等资源，并且能够通过政府和投资人的共同支持，为创业者提供全方位的服务。政府与社会资本的合作不仅能够提供资金支持，还能够通过资源共享与合作，提升创业项目的成功率和可持续性。政府和社会资本的对接也能够促进创业生态系统的建设。通过政府和社会资本的联合推动，可以建立起更加完善的创业服务网络，包括法律服务、市场调研、技术支持等。这种综合服务体系能够为大学生创业者提供全面的支持，帮助他们在创业过程中解决各种问题，提升创业项目的成功概率。

四、高校与社会企业的合作

高校与社会企业的合作，是提升大学生创新创业支持的有效途径。这种合作可以利用社会企业的资源与平台，为大学生创业者提供实践机会、市场接入和行业支持，进而促进其创业项目的成功实施。高校与社会企业的合作能够为大学生创业者提供宝贵的实践机会。社会企业通常具备丰富的行业经验和市场资源，能够为大学生创业者提供实际的项目实践和业务接触。通过合作举办创新创业大赛，社会企业可以为大学生提供展示项目的机会，并为获奖项目提供投资或合作支持。这些大赛不仅能够帮助大学生检验创业项目的可行性，还能为他们提供与行业专家和投资人接触的机会，从而提升项目的曝光度和市场认知度。社会企业往往在技术研发、市场拓展和业务管理方面拥有丰富的经验和资源。高校可以通过与社会企业合作，将其专业技术和行业知识引入到创业课程和培训中。社会企业的技术专家可以参与高校的创业课程，分享最新的技术趋势和应用案例，帮助大学生了解行业动态和技术前沿。这种技术支持和行业指导不仅能够提升大学生的创业能力，还能帮助他们更好地适应市场需求和技术变化。

高校与社会企业的合作能够为大学生创业者提供市场渠道和商业机会。社会企业通常拥有广泛的市场渠道和客户资源，通过合作，高校可以帮助大学生创业者拓展市场，获取商业机会。社会企业可以为大学生创业者提供市场调研数据、客户反馈和销售网络，从而帮助他们了解目标市场的需求和趋势。这种市场支持能够帮助大学生创业者更好地定位产品和服务，提高市场竞争力和业务成功率。社会企业还可以参与高校的创业课程和培训，分享实战经验和市场需求。这些企业的参与能够为课程和培训提供实际案例和真实场景，使教学内容更加贴近实际。社会企业的创业成功案例和挑战经验可以被引入到课堂讨论中，让学生更直观地了解创业过程中的实际问题和解决方案。这种教学模式能够提高大学生的实际操作能力和问题解决能力，从而为他们未来的创业实践打下坚实的基础。

五、创业协会与专业服务机构的联动

创业协会与专业服务机构的联动，能够显著增强对大学生创业者的全方位支持。这种合作模式通过将创业协会的资源组织能力与专业服务机构的专业支持结合起来，为大学生创业者提供从政策信息到实际操作的全面服务。作为创业者的服务平台，创业协会通常负责举办各类创业活动，如创业大赛、沙龙讲座和经验分享会等，这些活动为大学生提供了展示创业项目、获取反馈和建立人脉的机会。通过与专业服务机构合作，协会能够为其会员提供更为专业的支持。协会可以联合法律咨询公司，为会员提供免费的法律咨询服务，包括合同审核、法律风险评估等。这种合作不仅提升了创业协会的服务能力，还能够帮助大学生创业者在创业过程中规避法律风险，保障创业项目的合法性。

专业服务机构如会计师事务所、税务顾问公司等，可以通过与创业协会的联动，向大学生创业者提供必要的财务和税务支持。这些机构通常具备丰富的专业知识和行业经验，能够为创业者提供财务规划、税务筹划、公司注册等服务。通过与创业协会的合作，这些机构可以将其服务介绍给更多的创业者，提供量身定制的解决方案。创业协会可以安排定期的财务管理培训，由专业会计师讲解创业企业的财务管理要点和税务处理流程，帮助创业者提高财务管理能力，确保企业的财务健康和合法运营。创业协会与专业服务机构的联动还可以在项目孵化和市场拓展方面提供支持。许多专业服务机构拥有广泛的行业资源和市场网络，通过合作，协会可以为大学生创业者提供市场调研、业务拓展、品牌建设等服务。专业市场研究机构可以通过协会的渠道，为创业者提供市场需求分析和竞争对手调

研，帮助他们更好地定位市场和制定业务战略。专业服务机构可以利用其客户资源，为创业者搭建商业合作平台，促进项目的市场推广和业务合作。创业协会与专业服务机构的合作也有助于提高大学生创业者的整体素质。通过组织联合培训和讲座，协会可以与专业机构共同举办针对性的课程，如商业法律、财务管理、市场营销等，帮助创业者掌握必备的知识和技能。这种培训不仅增强了创业者的实践能力，还提高了他们的职业素养和创业信心。

六、政策宣传与创业教育的结合

政策宣传与创业教育的结合，是提升大学生对创业法律政策认知的关键策略。这种结合不仅能够帮助大学生掌握最新的政策信息，还能够提升他们的法律知识和创业能力。系统的政策宣传能够帮助大学生及时了解最新的创业政策和法规。政府和高校可以联合举办各种政策宣传活动，例如创业政策讲座、政策解读工作坊等。这些活动由政府相关部门、政策专家或成功的创业者主持，旨在向大学生普及最新的创业政策和法规内容。通过这些讲座和工作坊，大学生可以了解到国家和地方政府对创业的支持措施，如资金补贴、税收优惠、创业培训等。这种政策宣传不仅能够提高学生对政策的认识，还能帮助他们了解如何申请和利用这些政策，从而有效降低创业风险和成本。

高校可以通过在创业课程中增加相关的政策和法律内容，帮助学生系统学习创业所需的法律知识。在课程中设置专门的模块，讲解相关的法律法规、政策解读及其实际应用。这种课程设计能够使学生不仅了解创业政策的基本内容，还能掌握如何将这些政策应用于实际创业过程中。通过课程教学，学生能够系统地学习到政策背景、政策实施细节，以及如何利用政策优势开展创业活动。创业教育中的案例分析和实务操作也可以加强政策与法律知识的实际应用。高校可以通过引入真实的创业案例，帮助学生理解政策和法律在实际创业中的具体应用。这些案例可以包括成功的创业项目、政策支持的实际效果，以及法律问题的解决方案。通过分析这些案例，学生能够更好地了解政策和法律如何影响创业项目的进展，并学习如何应对可能遇到的法律问题。实务操作如模拟法庭、合同审核和政策申请等活动，也能够提高学生的实际操作能力，帮助他们更好地应对创业中的实际挑战。

高校与政府的合作还可以开展定期的政策更新和法律咨询服务，为大学生提供持续的政策和法律支持。通过建立专门的政策信息平台或法律咨询热线，大学生可以随时获得最新的政策信息和法律指导。通过政策宣传与创业教育的结合，大学生能够在创业初期就掌握必要的政策信息和法律知识，合理规划创业活动。这种结合不仅能够提升大学生对政策的利用效率，还能够增强他们的法律意识和创业能力，为创业项目的顺利开展奠定坚实的基础。

第四节　大学生创新创业法律环境的国际视野

通过了解和比较不同国家的创业法律环境，大学生能够获得更全面的创业视角，并有效地利用国际资源。

一、国际创业法律法规的比较

了解不同国家的创业法律法规，可以帮助大学生更好地理解全球创业环境的多样性和复杂性。不同国家的创业法律体系存在差异，体现在公司注册、知识产权保护、税收政策等方面。通过对比这些法规，大学生能够获得有关创业条件、申请流程及合规要求的宝贵信息。例如，美国的创业法律体系强调投资者保护和知识产权的严格管理，而一些欧洲国家则注重社会企业的支持和创业补贴。通过这种比较，学生可以学习到不同国家在创业法律领域的最佳实践，帮助他们在本国或国际市场上制定更为有效的创业策略。

二、跨国创业的法律挑战与机遇

跨国创业涉及多个国家的法律体系，因此，了解国际法律环境对大学生尤为重要。在跨国创业过程中，企业需要面对不同国家的法律要求，如注册合规、税务处理、劳动法等。这些法律挑战包括如何在多个国家合法注册公司、如何处理跨国知识产权纠纷等。与此同时，跨国创业也带来了机遇，如进入新兴市场、获取国际投资等。大学生创业者需要掌握相关的国际法律知识，了解如何应对这些挑战并利用机遇。通过研究和了解国际案例，大学生可以学到跨国创业的成功经验和应对策略，从而更好地规划自己的国际化创业道路。

三、国际创业支持政策与资源

许多国家和国际组织提供专门针对跨国创业的支持政策和资源。这些支持政策包括跨国创业补贴、国际市场拓展资金、国际合作项目等。了解这些国际支持政策和资源，可以帮助大学生获取额外的支持和帮助。"地平线欧洲"计划是欧盟支持科学研究和创新的一项资助计划，其为创新项目提供资助和合作机会，而一些国家的贸易促进机构则提供市场准入支持和展会组织服务。大学生可以通过研究这些政策，了解如何申请和利用这些资源，进而增强自身创业项目的国际竞争力。

四、国际创业法律环境的变革趋势

国际创业法律环境正处于不断变化和发展的过程中。随着全球经济一体化和技术进步，各国在创业法律方面的政策和法规也在不断调整和创新。数字经济的兴起促使许多国家修订其知识产权和数据保护法规，以适应新的商业模式和技术需求。了解这些变革趋势，可以帮助大学生预见未来的法律挑战和机遇，提前做好准备。国际合作和跨国监管的加强也可能对创业项目产生影响，大学生需要密切关注这些变化，以便及时调整自己的创业策略。

五、国际合作与网络的建立

建立国际合作与网络，是大学生创业全球化的重要组成部分。通过与国际创业者、投资者、学术机构和企业建立联系，大学生可以获得全球创业资源和市场机会。参与国际创业比赛、国际论坛和创业交流活动，可以帮助学生拓宽国际视野，建立全球合作伙伴关系。这种国际合作不仅能够提供新的商业机会，还能带来国际市场的洞察和经验。大学生应积极参与这些国际网络，利用全球资源推动自己的创业项目。

六、国际法律咨询与援助

在国际创业过程中，获取法律咨询和援助是确保创业项目合规和成功的关键。许多国际律师事务所和咨询公司专门提供跨国法律服务，包括公司注册、合规审查、知识产权保护等。大学生创业者可以通过这些国际法律服务机构，获得专业的法律支持和建议。这些机构通常拥有丰富的跨国法律经验，能够帮助创业者处理复杂的法律事务和跨国法律问题。通过利用这些国际法律咨询资源，大学生能够更好地应对国际创业中的法律挑战，确保项目的顺利开展。

参考文献

[1] 王先敏. 基于"法律风险管理"的高职大学生创业实践课程教学模式研究 [J]. 才智, 2022 (21): 145-148.

[2] 淳艳丽, 代加雷. 当代大学生创新创业法律风险防范意识及能力培养路径研究 [J]. 经济师, 2022 (4): 179-180, 182.

[3] 谭婷婷. "双创时代"大学生创业实践中的法律风险及防范体系 [J]. 法制博览, 2021 (29): 45-46.

[4] 谭樱芳. "互联网+"背景下高校实施线上线下结合的大学生创业法律服务路径研究 [J]. 法制博览, 2021 (27): 14-16.

[5] 孙文雪. 略论案例教学与大学生创业法律风险防范教育——以公司法学案例教学为例 [J]. 湖北开放职业学院学报, 2021, 34 (17): 7-9.

[6] 张梦琳. 大学生创业法律风险防范体系建设研究——以学校保障为视角 [J]. 法制博览, 2021 (8): 22-24.

[7] 徐华良. 从法律角度分析大学生创业风险与防范对策——以经济法为视角 [J]. 法制博览, 2020 (31): 129-130.

[8] 田梅. 基于OBE理念的大学生创新创业法律教育课程目标达成探析 [J]. 邢台学院学报, 2020, 35 (3): 89-92.

[9] 黄小玲, 廖春晓, 黄茹. "互联网+"环境下大学生创业法律风险原因分析研究 [J]. 法制与社会, 2020 (24): 169-170.

[10] 牛宏伟. 浅析高校"双创"空间创业孵化过程中的法律风险——以创新创业平台和大学生创业者双主体为视角 [J]. 创新与创业教育, 2020, 11 (3): 13-20.

[11] 韩德辉, 杨富, 王玉杰, 等. 西藏大学生创业法律需求研究——以拉萨师范高等专科学校为例 [J]. 西藏科技, 2019 (11): 46-49.

［12］向长胜．大学生创业法律风险防范能力提升及其教育路径研究——以贵州工程应用技术学院为例［J］．高教学刊，2018（16）：41-43.

［13］龚伟，康洁茹.大学生运营自媒体法律风险及其防范制度［J］.淮南师范学院学报，2021，23（2）：1-5.

［14］蔡静，吴维俊.论大学生创业法治素养提升的四重矛盾［J］.扬州大学学报（高教研究版），2023，27（1）：72-80.

［15］谭婷婷．"双创时代"大学生创业实践中的法律风险及防范体系［J］.法制博览，2021，（29）：45-46.

［16］孙文雪.略论案例教学与大学生创业法律风险防范教育——以公司法学案例教学为例［J］.湖北开放职业学院学报，2021，34（17）：7-9.

［17］郭富青.论公司法律形态现代化再造与创新［J］.北方法学，2022，16（1）：50-65

［18］任雨，王蕾，许科.大学生创业法律风险及其防范对策——以江苏省为例［J］.浙江树人大学学报（人文社会科学），2018，18（6）：105-109.

［19］王荣华，袁晓波.大学生创新创业法律风险的识别与防范［J］.黑龙江教育（高教研究与评估），2018，（6）：71-73.

［20］黄颖，段贞锋.论创新文化驱动下大学生创业的法律风险及防范［J］.内江师范学院学报，2019，34（1）：114-119.